APOLOGIE
POVR CEVX
DE LA
RELIGION.

*Sur les sujets d'auersion que plu-
sieurs pensent auoir contre leurs
Personnes & leur Creance.*

Par MOYSE AMYRAVT.

A SAVMVR,
Par IEAN LESNIER, Imprimeur
& Libraire.

M. DC. XLVII.

D.
6675.

A MONSIEVR
MONSIEVR
SARRAV,
CONSEILLER
DV ROY EN SON
PARLEMENT.

MONSIEVR,

Ie crains aucunement que ceux entre les mains de qui cette Apologie tombera, n'y trouuent d'abord deux choses vn peu étranges. L'vne, Qu'estant expressément dressée pour diminuer l'auersion que tant de gens ont contre nous, elle sort d'vn lieu ou nous en experimentons beaucoup moins que plusieurs de nos Freres ne font ailleurs, & ou

nous iouïssons *d'vne grande paix, par la prudence & generosité de ceux qui nous gouuer-
nent. L'autre, Qu'estant particulierement
destinée à nous rendre les Magistrats équitables dans les Prouinces, ie la vous dedie,
MONSIEVR, qui faites partie de cét augu-
ste Parlement, dans l'equité duquel nous a-
uons accoustumé de trouuer du support, lors
qu'on nous fait deça delà quelques traittemens peu fauorables. Car il semble que cette sorte d'Ecrits contienne quelque tacite
plainte de ce qu'on a besoin de les publier.
Or les plaintes ne sont pas seantes en la bouche de ceux qui en ont peu de suiet; & si
quelque raison nous induit à nous interesser
en ce qui touche nos Freres, on peut dire que
nous deurions plustost nous adresser aux auteurs de leurs mécontentemens, pour leur
oster les mauuaises impressions qu'ils ont
contre nous, & leur en donner de meilleures. Mais i'espere pourtant, MONSIEVR,
que quiconque prendra la péne de lire ce petit ouurage, se deliurera aisément de cét
estonnement par ces considerations. Tous
ceux de la Religion qui sont en ce Royaume
ne constituent qu'vn mesme corps, en qui le
dép'aisir de chacun de ses membres est sensi-
ble à tous les autres. Comme donc il arriue
au corps humain, que quelques fois la par-

tie où est le siege de la douleur, est fort éloignée de celle d'où sortent les gemissemens &
les soûpirs, & neantmoins tant s'en faut
qu'on blasme en cela l'institution de la Nature, qu'on admire la sagesse de son autheur,
qui luy a donné ces sentimens : si quelques
vns de nos Freres ont occasion de se plaindre
en des lieux separés de nous, on ne doit nullement trouuer mauuais que la communion
d'vne mesme foy nous en inspire la sympa-
thie. Quant à nous, bien que par la grace
de Dieu nous ayons tout suiet de nous loüer
de l'equité du gouuernemēt sous lequel nous
viuons, nous sçauons pourtant qu'elle est
quasi par tout l'inclination des peuples, &
que si l'autorité superieure ne le retenoit, icy
comme ailleurs nous éprouuerions le des-
auantage qu'il y a d'habiter parmy des gens
mal affectionnés, quand la balance n'est
pas ègale. C'est pourquoy si outre la conduite de nostre vie, dont ceux auec qui nous
conuersons ont leurs yeux mesmes pour témoins, nous tâchons de les informer de la
pureté de nostre creance & de l'innocence de
nos sentimens, nous le faisons & par deuoir
& par interest. Car nous sommes obligez
de leur donner, s'il est possible, quelque
teincture de la verité, & nous affermirons
par ce moyen dauantage nostre repos, quand

A 3

ils n'auront plus cette mauuaiſe opinion de
noſtre Religion , qui leur donne quelque
haine couuerte contre nos perſonnes. Povr
ce qui eſt de vous, Monsievr, ſoit que
l'on vous conſidere en la dignité que vous
poſſedez, où bien en la profeſſion de Religion que vous faites, cet Ecrit ne pouuoit
eſtre mieux adreſſè qu'à vous. En ce premier égard c'eſt non tant vne plainte des deportemens d'autruy, ni vne iuſtification des
noſtres & de la Foy que nous ſuiuons,
qu'vne action de graces que nous rendons
en voſtre perſonne à cette illuſtre Covr dont
vous eſtes membre, de ce que par l'autorité
de ſes Arreſts, elle a diuerſes fois corrigé
ce qu'il y peut auoir en d'exceſſif dans le zele des autres Iuges. En ce ſecond, s'il y a
quelqu'vn des Senateurs qui la compoſent,
qui deſire d'eſtre éclarci de la ſincerité de nos
penſées, pour en eſtre d'autant plus enclin
à nous rendre iuſtice aux occaſions, le credit que voſtre rare vertu vous donne entre
eux, adiouxtera beaucoup d'efficace aux choſes que ie repreſente. A la verité voſtre ſinguliere ſuffiſance, & la parfaite connoiſſance que vous auès de ce qui eſt de noſtre
profeſſion, n'auoient point beſoin d'eſtre aides de ma meditation, pour donner de bonnes opinions de nous dans les occurrences.

Aussi ne me suis-ie nullement propose de
vous instruire en rien de ce qui peut y contribuer; pour ce que vos connoissances pas-
sent bien loin au delà de ses reflexions toutes simples & populaires. Ie veux dire seulement que vostre nom peut donner beaucoup d'accés a cét ouurage, vers ceux qu'il
est expedient que nous informions plus exactement de nos creances & de nos inclinations, & que la reputation de vostre rare
probité est capable de nous mettre bien en
l'esprit de ceux qui pourroient auoir estè
preuenus de quelques mauuais preiugés par
nos aduersaires. Quoy qu'il en soit, il importe que l'on sçache, que comme vous estes
absolument de mesme creance auec les Ministres de la Religion que vous professés,
dans la doctrine de la Foy, les Ministres
sont entierement de mesme opinion auec
vous en ce qui est du Politic, & de l'obeis-
sence que les suiets doiuent à leurs Princes.
En l'vn il est manifeste que ce n'est pas tant
le serment & l'obligation de vos charges,
qui vous attachent, vous & ces autres
Messieurs qui sont de nostre Religion dans
les Parlemens, au seruice de sa Maiesté,
que le lien de la conscience & le genie de la
Foy que nous vous preschons, puis que vos
sentimens & les nostres y sont conformes.

En l'autre il paroiſt que c'eſt la connoiſſance de la verité, & non aucun intereſt de noſtre condition, comme quelques vns ſe l'imaginent, qui nous affectionēt aux dogmes que nous vous annonçons dans la matiere du ſalut, puis que vous en eſtes perſuadés comme nous, & que vous y perſeuerés ſi conſtamment, quoy qu'aucune des raiſons du monde ne vous y arreſte. Mais quand ie mettray toutes ces conſiderations à part, il me ſemble que i'ay grande occaſion d'ailleurs de conceuoir vne confiance bien certaine, que vous prendrés en bonne part ce mien deſſein de mettre voſtre nom ſur le front de ce petit labeur, & que tout le monde l'approuuera, bien que les autres cauſes que i'en ay luy fuſſent entierement inconnuës. C'eſt que n'euſſe ie point tant de témoignages de l'honneur de voſtre bonne volonté, voſtre exemplaire pieté, voſtre ſçauoir eminent, connu dedans & dehors le Royaume, & le reſte de vos excellentes vertus, me conuieroyent à donner quelque témoignage au Public que i'en fais vne eſtime tout à fait extraordinaire. Et quand les belles & grandes qualités que Dieu a miſes en vous, n'attireroyent point ſi puiſſamment mes reſpects, cette tendreſſe d'affection dont il vous plaiſt me fauoriſer, m'oblige ſi ie ne veux eſtre ingrat,

à vous en faire vne solennelle reconnoissan-
ce. Receuès la donc s'il vous plaist, MON-
SIEVR, du mesme œil duquel vous auez
accoustumé de voir son Auteur, & conti-
nuez de croire, comme vous auez fait depuis que i'ay le bien d'estre connu de vous,
qu'il n'y a personne qui fasse des vœux plus
ardens que i'en fais à Dieu pour vostre entiere prosperité, ni qui soit plus inuiolablement,

MONSIEVR;

De Saumur ce
iour de Pas-
ques 1647.

Vostre tres-humble
& tres-obeïssant
Seruiteur,

AMYRAVT.

ADVERTISSEMENT.

COMME i'appelle ordinairement en cette Apologie ceux de noſtre communion, les Reformés, auſſi i'employe ſouuent ces mots de Catholiques Romains, & quelquesfois celuy de Catholiques tout ſeul, pour ſignifier ces Meſſieurs de la communion de Rome. Si l'on prenoit ces termes autrement que comme des noms, par leſquels on deſigne ces deux communions differentes, & ſi l'on y auoit égard à la qualité pour laquelle ils ont eſtè premierement attribués chacun à ſon ſujet, il y auroit de la contradiction en l'vſage de ces deux appellations. Car celle de Reformés ſignifie la profeſſion de ceux qui ont repurgé la Religion de ce dont la corruption du temps l'auoit alterée. Et quant à celle de Catholique, elle fut premierement appliquée à l'Egliſe Chreſtienne, pour la diſtinguer d'auec la Iudaïque, pour ce

que le Christianisme n'est affecté à aucune particuliere nation & doit courir par
tout l'Vniuers. Mais depuis on s'en est
serui pour distinguer les Orthodoxes
d'auec les sectaires, qui s'estoient separés de la communion de cette Eglise à
qui le Symbole auoit, comme il y a apparence, le premier donné ce nom.
Ainsi ce seroit mal à propos que i'appel-
lerois les vns Orthodoxes, & les autres
Reformés; pour ce que la Reformation
presuppose qu'on a degeneré de l'Or-
thodoxie, & si elle fust demeurée en son
entier en l'Eglise, il n'eust pas esté necessaire de la reformer. Mais desormais ce
nom de Catholique a passé en vn tout
autre vsage, & ne signifie rien autre chose sinon ceux qui font profession du
Christianisme, tel qu'il estoit en l'Europe auant la predication de Luther:
comme on employe celuy de Protestans
& de Reformés, pour denoter ceux qui
le professent tel qu'il est en la communion laquelle s'est separée d'auec Rome.
Et n'y a rien de si ordinaire que de voir
ainsi passer les noms d'vne signification à
l'autre, ni rien de si indifferent que leur
vsage quand vne fois le temps & la coustume en ont autorisé le changement.

l'appelle donc Messieurs de l'Eglise Romaine Catholiques , comme plusieurs honnestes gens d'entre eux nous nomment ceux de la Religion ; & ne seroit pas raisonnable que ni eux ni moy tirassions auantage de ce respect ou de cette ciuilité , pour le fonds de la Controuerse. Pleust à Dieu que nous ne fussions en dispute que des noms : ceux qui sont de bon sens ont toûjours remarqué qu'ils ne font du tout rien aux choses.

Pour Approbation.

Cette Apologie a esté veuë & approuuée par Messieurs de la Cantinaye & Vacher, Pasteurs des Eglises de Baugé & de l'Isle Bouchard, Commissaires ordonnés pour les Liures de Religion en cette Prouince.

APOLO

APOLOGIE

POVR CEVX DE LA

RELIGION.

Sur les sujets d'auersion que plusieurs pensent auoir contre leurs Personnes & leur Creance

---

DESSEIN DE L'OVVRAGE.

BIEN que par la grace de Dieu, & par la bonté de nos Rois, nostre condition soit merueilleusement differente de l'estat auquel estoyent les Chrestiens autrefois, lors que Iustin Martyr & Tertullian écriuirent leurs Apologies, si ne laissons nous pas d'estre necessités par l'auersion que beaucoup de gens ont contre nous, d'entrer en quelque iustification de nos deportemens & de nostre creance. Car il est bien vray que nous viuons en paix soubs la

protection des Edicts de noftre Souuerain , & que la Reine fa mere , depuis
qu'elle a le gouuernement de l'Eftat entre les mains , a toufiours de fa grace declaré qu'elle vouloit qu'ils fuffent ponctuellement entretenus. Noffeigneurs
de fon Confeil fecondent ordinairement
fes bonnes intentions , & nous aurions
tort fi nous ne reconnoiffions qu'en diuers lieux la douceur & l'equité des Gouuerneurs , & la iuftice des Magiftrats
nous dónent plus de fuiet de nous louër
d'eux, que de nous plaindre de la feuerité de leur conduite. Comme la Nobleffe
a d'ordinaire les fentimens éleuès & genereux , il y en a grand nombre de cette
condition qui fans s'arrefter à la difference des Religions, eftiment l'honneur
& la vertu par tout où elle fe rencontre.
Et generalement en toutes fortes de profeffions il fe trouue par tout d'honneftes
gens que non feulement la diuerfité de
la creance n'empefche pas de viure auec
nous ciuilement , mais de la bonne volonté de qui nous pourrions bien nous
affeurer dans les occurrances les plus
importantes. Mais neantmoins il ne fe
peut pas nier qu'il ne fe rencontre quantité d'occafions, ou le traittement que

nous receuons de la part de quelques
vns de ceux à qui l'adminiſtration des
choſes publiques a eſté commiſe , porte
des marques indubitables de la mauuaiſe diſpoſition de leurs eſprits en nô:re
endroit. De ſorte que les bonnes volontés de ſa Majeſté , qui ſont comme
autant de douces & fauorables influen-
ces, qui deuroient ſe répandre en toutes
les parties du Royaume ou nous en
auons beſoin , ſont interceptées auant
quelles viennent iuſques à nous, ou au
moins tellement alterées & debilitées
par la mauuaiſe conſtitution des eſprits
par leſquels elles ont à paſſer, qu'elles
ne produiſent pas à beaucoup prés tous
les effets auſquels elles ſont deſtinées.
En effet, ſoit qu'il s'agiſſe des choſes
qui nous ont eſté ottroyées par les E-
diċts, nous trouuons aſſés ſouuent des
difficultés tres-conſiderables à les obtenir, & meſmes quelquesfois des oppoſi-
tions & des embarras qui nous ſont entierement inſurmontables. Soit qu'il
s'agiſſe de celles qui peuuent eſtre communes à tous les ſujets du Roy , la difference notable qu'on y met à noſtre deſ-
auantage entre les Catholiques Romains & nous en vne infinité de rencon-

tres, eſt vne preuue trop autentique de
la haine que nous portent quelques vns
de ces Meſſieurs, à qui la puiſſance ſouueraine a remis la diſpenſation de quelque partie de ſon authorité. Quant à ce
qui regarde les peuples en general, comme ils ont accouſtumé d'eſtre plus extre-
mes en toutes choſes, & de ſe laiſſer
emporter à leurs mouuemés auec moins
de circōſpection, ils découurent pour la
plus part, ou les occaſions s'en preſentent, vne ſi mauuaiſe inclination contre
nous, que ſans la protection de ſa Majeſté, & l'autorité des Gouuerneurs, &
la retenuë des Magiſtrats, nous aurions
ſans doute beaucoup à ſouffrir de ce coſ-
ſié là. Or ſçauons nous fort bien qu'a-
pres la bonne prouidence de Dieu, qui
tient les cœurs des Grands & des petits
en la main, le plus efficace remede que
nous puiſſions apporter à ce mal, dépend de noſtre patience, & de la tranquilité de nos eſprits. Neanmoins, n'e-
ſtant aucunement à preſumer qu'en des
hommes en qui l'on void d'ailleurs
tant de belles propenſions à l'équité, il
ſe rencontraſt de ſi mauuaiſes diſpoſitions en ce qui nous concerne, s'ils n'é-
toient imbus de fort ſiniſtres prejugés

contre nos perſonnes, & contre la Religion que nous profeſſons, il eſt toûjours iuſte & raiſonnable, & mémes au-
cunefois abſolument neceſſaire que nous
tâchions de les informer autrement. Et
quoy que depuis vn peu plus de cent ans
qu'il y a qu'on commence à parler de
nous en ce Royaume, nous ayons ,eſſayè
de le faire par vne infinité d'écrits de differentes façons, ſi eſt-ce que le mal ne ſe
gueriſſant point entierement, & meſmes
ſe renouuellant de temps en temps en
diuers ſymptômes, i'ay creu qu'il ne ſeroit pas inutile que ie contribuaſſe auſſi
quelque choſe de ma part à le diminuer.
Ce n'eſt pas que ie doiue auoir cette opinion de moy que ie puiſſe produire quelque choſe, ou qui n'ait point eſté dite
par ceux qui nous ont deuancés, ou qui
ſortant de ma plume puiſſe auoir plus
d'éfficace que la leur ne luy en a peu
donner. Il eſt ſorti par le paſſé tant de
beaux trauaux en lumiere, qui pouuoient ſeruir à ce deſſein, ſoit qu'on y regarde la profondeur du ſçauoir, ou l'excellence de l'éloquence, que ce ſeroit
trop de preſomption à moy ſi ie me pro-
poſois ſeulement de les égaler. Mais
comme c'eſt vn precepte de Medecine,

quand on s'eft pr s a traitter vn mal , de
n'abandonner pas fa methode , encore
qu'elle ne produife pas tout l'effet que
l'on defire , pouruen qu'elle foit fondée
en bonne raifon ; auffi eft-ce vne pratique de la prudence , de ne defifter pas
d'inculquer les mémes chofes à des efprits preoccupés , encore qu'on n'y reüf-
fiffe pas entierement , pouruen qu'elles
foient conformes à la verité , & propres
à les defabufer de leurs opinions antici-
pées.   Ioignés à cela que les liures ont
leur temps , & que plufieurs qui ont efté
bien receus au fiecle paffé,font en ceftuy-
cy quafi peris de la connoiffance des
hommes ; foit que le changement qui arriue quafi iournellement au l'angage,
nous dégoufte des Ecrits en qui nous
voyons trop de marques du ftile de nos
ayeuls , ou qu'il y ait à cette heure quelque air en la façon non feulemét de s'exprimer , mais de conceuoir les chofes
mefmes, qui leur donnent plus d'agrée-
ment & de lumiere qu'elles n'en auoient
auparauant. Pour moy, bien que ie ne
fois pas de ceux qui fe plaifent extrémement aux chofes nouuelles,& que quand
ie ne le dirois pas, i'ay peur que mon elocution ne faffe que trop paroiftre que ie

ne m'applique pas beaucoup à la lecture
des Autheurs qui ont donné à noftre langue la delicateffe & les ornemens dont
les efprits polis font maintenant tant de
cas, i'efpere pourtant dreffer cette Apologie de telle forte, qu'on ne pourra pas
dire que ce ne foit qu'vne fimple repeti-
tion de ce que les autres ont déja mis en
auant.   Car ce n'eft nullement mon intention d'entrer dans l'examen de ces
Controuerfes de Religion qui exercent
les Chreftiens depuis vn fi long temps,
& qui bien fouuent ont efté traittées de
telle maniere, qu'elles ont fait vn effet
tout contraire à celuy que ie me propofe
icy : pour ce que ie defire reconcilier
tant que ie pourray les volontés des
hommes à ceux de noftre profeffion, au
lieu que le plus ordinairement ces con-
teftations les irritent. Et puis c'eft vne
mer dont vn deffein de fi petite étenduë
qu'eft le mien, ne fçauroit trouuer ni la
riue ni le fonds. La fubtilité des raifonnemens y furpaffe bien fouuent la portée des efprits du peuple : la multitude
des allegations dont chacun des deux
partis a accouftumé d'appuyer fon fentiment, requiert plus de temps à les examiner que les occupations des Magiftrats

ne leur permettent d'y en donner ; & enfin la paſſion qui ſe meſle par tout ſous
l'apparence du zele , & le deſir de vain-
cre qui l'emporte aſſés ſouuent par deſſus l'amour de la verité, met en ces diſputes tant de tenebres & de confuſion,
qu'auant que ceux de l'autorité de qui
nous dependons ayent peu venir à bout
de les demeſler , les faſcheuſes opinions
dont ils ont l'eſprit ſaiſi , produiſent vne
infinité d'effets à noſtre dommage. Il y
pourroit auoir vn moyen de reſoudre
ces difficultés , qui requerroit beaucoup
moins de temps , & dont le ſuccés ſeroit
incomparablement plus certain & plus
fauorable. C'eſt que les principales &
plus fondamentales creances du Chriſtianiſme nous eſtans communes à l'Egliſe Romaine & à nous, il ne faudroit que
voir dans les choſes dõt nous diſputons,
ce qui s'accorde auec ces principes , &
ce qui ne s'y accorde pas, comme on fait
lors qu'il eſt queſtion de decider ce qui
pourroit eſtre douteux dedans les autres
ſcien.es. Car puis que iamais vne verité
ne choque l'autre, au lieu que le menſonge ſouuent ſe ruine ſoy meſme, & ne
s'adjuſte iamais auec la verité, ce qui ſe
trouueroit contreuenir aux dix Com-

mandemens de Dieu, à la Priere de noſtre Seigneur, & au Symbole de ſes Apoſtres, deuroit eſtre tenu ſans difficulté
pour reiettable, puis que nous receuons
pour diuines & veritables ces formules
de la creance de tous les Chreſtiens.
Mais on s'eſt engagé ſi auant dans cette
autre maniere de diſputer par authorités
& par témoignages tant des anciens que
des modernes, qu'il n'eſt pas aiſé de
s'en retirer. I'ay donc intention de
monſtrer par vne voye beaucoup plus
courte, que ſoit qu'on nous regarde
comme des hommes, & dans les deuoirs auſquels nous ſommes obligés les
vns enuers les autres entant que tels ;
car c'eſt la premiere choſe qui doit venir
en conſideration ; nous ne meritons
nullement l'auerſion que tant de gens
ont contre nous. Soit qu'on nous conſidere comme François, & ſujets d'vn
meſme Prince auec tous les autres habitans de cét Empire, il y a quantité de
raiſons pourquoy nos plus grands ennemis deuroient vſer de toute ſorte d'é-
quité & de iuſtice en noſtre endroit.
Soit enfin qu'on ait égard à la qualité de
Chreſtiens que nous portons, on ne
nous ſçauroit haïr pour le Chriſtianiſme

tel que nous le croyons , fans pecher
contre la loy de Chrift , & la charité de
fon Euangile. Or comme mon deſſein,
& mon deuoir, & mon inclination encor me portent à deduire tout cela fans
aucune paſſion, i'eſpere que ceux entre
les mains de qui cette Apologie tombera, n'en apporteront point non plus
que moy à lire ce que i'écriray pour la
iuſtification de nos Egliſes.

SECTION I.

Que fi on confidere ceux de la Religion dans
les deuoirs auſquels ils ſont obligés enuers
les autres entant qu'hommes , ils ne ſont
dignes de l'auerſion de qui que ce ſoit.

OVR commencer par la pre-
miere de ces choſes, l'homme à ces deux qualitez qui
le diſtinguent d'auec tous
les animaux, qu'il eſt premierement raiſonnable, & puis aprés
politique, ce qui vient en conſequence
de la raiſon : c'eſt à dire, qu'il vſe d'intelligence en ce qu'il entreprend de faire, & s'y porte par la connoiſſauce qu'il

a de la nature de ſes objets ; & qu'il eſt propre à la ſocieté, & deſtiné par la nature à viure en la compagnie des autres hommes comme luy. On ne ſçauroit donc raiſonnablement rien deſirer de nous en cét égard, pour nous rendre dignes de l'humanité & de la bonne volonté de tout le monde, ſinon qu'en ce qui regarde les ſentimens & la creance, nous ne tenions & n'enſeignions rien qui deſtruiſe les loix de la vertu morale, de laquelle tous les hommes ſont capables par l'vſage de la raiſon, ni qui corrompe cette inclination que nous deuons tous auoir à entretenir vne iuſte ſocieté auec ceux auec qui nous auons à viure. Et pour ce qui concerne la pratique de ces loix de la vertu, & notamment l'exercice de l'equité & de la iuſtice, qui eſt la baſe & le lien de cette ſocieté, on ne doit non plus requerir de nous, pour eſtre dignes de l'amitié des autres hommes, ſinon que nous conduiſions noſtre conuerſation de ſorte, qu'on ne puiſſe nous accuſer de faire le contraire de ce que nous enſeignons. Or pour ce qui eſt de noſtre creance, quel que ſoit le reſte de la doctrine que nous embraſſons en matiere de Religion, tant

y a que les enseignemens moraux que
nous donnons à ceux de noſtre profeſſion pour modele de leur vie, n'ont iamais eſté blaſmés par nos plus grands &
plus enuenimés aduerſaires, de heurter
le moins du monde contre les principes
de la vertu. Nos gens ont fait des re-
cueils des opinions des Caſuiſtes, où ils
ont ramaſſé quantité de choſes qui ſem-
blent contrarier aux ſentimens d'vne
bonne conſcience, & corrompre les ſemences de l'honneſteté & de la pudeur,
& des autres bonnes qualités que la nature met en nous. Ces Meſſieurs de la
communion de Rome, qui tiennent le
parti de l'Vniuerſité de Paris contre les
Ieſuites, ont publié leur Theologie Morale, & diuers autres lieux communs de
leurs opinions, où ils les fleſtriſſent du
blâme d'enſeigner vne infinité de choſes
contre les loix diuines & humaines, &
qui ouurent la porte toute large à la
fraude, à la perfidie, à la vengeance, à
l'auarice, & à la diſſolution. Mais quant
à nous, quoy que nous ne manquons
pas de mauuais amis, qui ne nous épar-
gneroient pas s'ils trouuoient quelque
choſe à reprendre en nous en cette matiere, ſi eſt-ce que iuſques à cette heure
il ne

il ne s'en eſt trouué aucun qui ait eu
aſſés de hardieſſe pour nous imputer
rien de tel. Et veritablement on ne le
ſçauroit faire ſans vne extreme impu-
dence, & contre toute apparence de
raiſon. La Parole de Dieu eſtant de tous
les liures du monde celuy qui ſans comparaiſon eſt le plus propre à former les
hõmes à toutes choſes dignes de loüange, nous l'auons expreſſément tournée
en langue vulgaire, & la mettons entre
les mains meſmes des petits enfans, afin
que toutes ſortes de perſonnes y apprenn-
ent de bonne heure en quoy la vraye
vertu conſiſte, & quels ſont les vrais
motifs qui nous y doiuent porter. Les
Predicateurs d'entre nous ſement tous
leurs propos particuliers, & toutes leurs
actions publiques d'enſeignemens de
meſme nature, & bonne partie des leçons qu'ils font dans les Academies ont
cette matiere pour ſujet. Sur tout ils ne
concluent iamais leurs predications que
par des exhortations à mener vne vie où
toutes bonnes qualitez reluiſent, & ne
traittent aucune doctrine, pour ſublime
qu'elle puiſſe eſtre, ou pour debattuë
qu'elle ſoit entre les Catholiques & les
Reformés, qu'ils ne ramenent aux in-

ſtruÉtions qui ſeruent à mener vne vie
honneſte, & d'où ils ne tirent quelques
aiguillons capables d'y exciter les affe-
Étions de leurs auditeurs. Outre la le-
Éture de la parole de Dieu, & l'vſage de
la Predication, le monde, par maniere
de dire, eſt rempli de liures que nous
auons faits pour expliquer en quoy la
vraye vertu eſt recommandable, quels
ſont les commandemens que Dieu nous
en a donnés, quelles les eſperances qu'il
propoſe à ceux qui s'y addonnent, quelles les menaces qu'il fait à ceux qui la
mépriſent, & combien la doÉtrine de
l'Euangile a adjouſté de poids à ce que
la Loy nous en enſeignoit auparauant.
Et ce que i'ay dit de la vertu morale en
general, ſe peut dire en particulier de
l'exercice de la iuſtice, de laquelle dépend la conſeruation de la ſocieté. Car
il n'y a deuoirs de maris enuers leurs
femmes, ni de femmes enuers leurs maris, ni de peres enuers leurs enfans, ni
de bons enfans enuers leurs peres, que
nous ne propoſions, & que nous ne re-
preſentions ſans ceſſe à tous ceux qui
les doiuent pratiquer. Il n'y a ni humanité & equité des maiſtres enuers leurs
ſeruiteurs, ni reſpeÉt & obeïſſance des

feruiteurs à l'endroit des maiftres, à quoi
on n'induife perpetuellemét parmi nous
ceux en qui il fe rencontre de telles relations. Il n'y a aucun entre nous, do
quelque condition que ce puiffe eftre,
qui foit fujet aux Magiftrats, aux Gouuerneurs, & generalement à tous ceux
en qui il y a quelque degré de fuperio-
rité, à qui on n'enjoigne & tres expref-
fément & continuellement de ne rien
oublier de la reuerence & de l'honneur
qu'on doit à ceux qui font en ces charges, & à qui on ne donne à entendre
qu'elles font de l'inftitution de Dieu. Il
n'y a qui que ce foit à qui on ne faffe connoiftre qu'à caufe de cefte inftitution, ce
ne doit pas feulement eftre la crainte de
la vengeance, qu'ils ont toute prefte en la
main contre ceux qui méprifent leur authorité, mais principalement le mouuement de la confcience, pource que Dieu
le veut ainfi, qui nous porte à obeïr à
leurs ordonnances, quand l'honneur de
Dieu & le falut eternel de l'homme n'y
eft point intereffé. Il n'y a perfonne entre nous qui porte la qualité de Magi-
ftrat, ou en qui la Puiffance fouueraine
ait imprimé quelque charactere de fa
grandeur, à qui on ne reprefente par la

parole de Dieu, quelle eſt la façon dont
les Superieurs ſe doiuent comporter enuers leurs inferieurs, & particulieremét
comment ils doiuent rendre la iuſtice
vniuerſellement à tous, ſans acception
de perſonnes, & ſans autre conſideration
que celle de la verité, de l'équité, & du
droit. Enfin il n'y a ni petit ni grand
dans noſtre profeſſion, qui ait ou commerce ou liaiſon auec vn autre, ou parenté, ou alliance, ou voiſinage, ou communication, qui ne ſoit iournellement
incité à rendre à chacun ce qui luy appartient, & à mettre en vſage en toutes
choſes cette regle de charité, de ne point
faire à autruy ſinon ce qu'il voudroit
qu'on fiſt à luy meſme. Et pource que
c'eſt par l'vnion & par la bonne intelligence que les ſocietés ſe maintiennent,
& qu'au contraire c'eſt la diſcorde & la
diuiſion qui les perd, il n'y a aduertiſſe-
ment qui reſonne ſi ſouuent en noſtre
bouche, ni qui rempliſſe ſi vniuerſellement toutes les actions publiques & les
entretiens particuliers de ceux qui ont
la charge de nous enſeigner, que celuy
de conſeruer inuiolablement la paix
auec ſes prochains, & de relâcher &
beaucoup de ſes paſſions, & beaucoup

de ſes intereſts, afin de l'entretenir auec
tout le monde. Ie diray encor, quelque
choſe dauantage. Tant s'en faut qu'on
ait aucune occaſion de haine à l'encontre de nous, comme ſi noſtre creance
eſtoit pour renuerſer ou la iuſtice, qui
ſouſtient la ſocieté, ou les autres vertus
morales, qui conuiennent à l'homme entant qu'il eſt doüé de raiſon, que nos
Egliſes ont fait certains reglemens, &
eſtabli certaines ſortes de cenſures, qui
nous obligent à vne plus grande integrité de vie, que les autres n'y ſont obligés par les loix communes ſous leſquelles nous viuons. Car les loix publiques
n'ont autre égard ſinon à ce que la ſocieté ne ſoit point manifeſtement violée, ni par l'adultere, ni par le meurtre,
ni par le larcin, ni par les autres crimes
éclattans, dont on a touſiours creu que
l'impunité tire neceſſairement aprés ſoi
la ruine de la Republique. Quant aux
autres choſes, ou, ni le particulier ni le
public ne ſemble pas eſtre ſi notoirement endommagé, les Magiſtrats n'ont
point accouſtumé d'en prendre connoiſſance, & quelques vns mémes d'entr'eux ne font point de difficulté de s'y
laiſſer quelquefois aller. Au lieu que

C 3

nous auons parmi nous vne Difcipline
qui defend les ieux qui font purement
de hafard, comme dérogeans au refpect
qu'on doit à la diuine Prouidence, & à
l'excellence de l'homme, à qui la prudence & l'induftrie a efté donnée pour
conduite & pour moderatrice de toutes
fes actions. Elle ne fouffre ni les come-
dies, ni les mommeries, ni les danfes,
pource qu'elle a creu que ce font chofes
indignes de la grauité des gens fages,
qui peuuent méme efleurer ou corrompre tout à fait la pudicité de l'vn & de
l'autre fexe, & qui au prejudice de ce
que chacun doit aux chofes de fa vocation, tirent auec elles vne manifefte perte
de temps. Elle a méme reglé iufques à
la fuperfluité des habillemens, comme
fi c'eftoit chofe contraire à la modeftie,
& qui nourrift & fomentaft l'inclination
à la vanité. Et afin que les reglemens de
cette difcipline ne demeurent pas inutiles par l'inexecution, nous auons efta-
bli des Confiftoires, compofés des Miniftres & des plus fages de ceux de noftro
Communion fous la qualité d'Anciens,
pour ordonner des reprehenfions, des
fatisfactions, & des peines Ecclefiaftiques qu'il faut appliquer à ceux qui

font tombés en quelqu'vne de ces fautes
dont les Magiſtrats ne cónoiſſent point.
Ce qui eſt pour redüire la vie des Reformés à vne vertu plus exacte & plus
circonſpecte que ne porte l'education & l'inſtitution des autres, qui n'ont
autre regle de leur códuite que la crainte
des ſupplices qui ſont infligés par les
Loix. Or eſt-ce ſans doute vn fort bel
ordre, que les Politiques * loüent , &
qu'ils accomparent aux plus vtiles Conſtitutions des Republiques les mieux
policées, telle qu'eſtoit à peu pres la
Cenſure entre les Romains.

* Bodin liu. 6. de la Repub. ch. 1.

Pour ce qui regarde la pratique de la
vertu, quelque creance que l'on tienne
au fait de la Religion, il n'y a perſonne
qui ne ſçache qu'elle eſt toûjours bien
loin au deſſous des loix qu'on fait pour
nous y former, & des inſtructions qu'on
nous y donne. Ceux qui en établiſſent
les reglemens eſtans vuides de paſſions
& d'intereſt pendant qu'ils y vacquent,
n'ont rien qui les empeſche de voir en
leur naturel l'honneſteté des choſes
loüables. Et quand ils en ont formé
en leur entendement la plus belle idée
qu'il ſe peut , ils la repreſentent toute

telle qu'ils l'ont conceuë, de sorte que
dordinaire il n'y a rien de si beau que
les leçons que les Philosophes en font,
ni que les onstitutions que les Legisla-
teurs en ordonnent, ou qui en sont dres-
sées par ceux à qui les Republiques
donnent l'intendance des bônes mœurs.
Mais lors qu'il est question de les reduire
à l'vsage, tant s'en faut que le commun
des hommes, qui n'a pas accouftumé
d'esleuer ses pensées si haut, & qui ne
se represente pas la forme des belles
choses si excellente, responde parfaitement en sa conuersation à toute l'integrité des bonnes loix, que mesmes ces
grandes & genereuses ames, que Dieu
a faites pour donner des exemples au
genre humain, n'égalent pas de leurs
actions tout ce qu'ils en ont conceu en
la pensée. Car quand il faut venir aux
choses particulieres, où nos interests
sont meslés, nos passions ne manquent
iamais à s'émouuoir, & c'est merueille
si elles ne corrompent la sincerité du
iugement que nous faisons de ces belles
idées de l'honnesteté & de la iustice, lors
que nous les considerons sans émotion.
Il est bien vray que cette inclination que
nous auons naturellement à la societé,

aideroit beaucoup à nous conduire à la vertu, si nous auions toûjours à côuerser auec des gens qui l'aimaſſent. Car leurs exhortations nous y porteroient, & comme l'homme ſe forme volontiers à l'imitation de ce qu'il void faire continuellement, ainſi que ceux qui ſe pourmenent au Soleil ſe colorent ſans y penſer, nous tirerions ſans doute inſenſiblement, mémes ſans exhortation, vne belle teinture de l'honneur, de la continuelle frequentation des gens de bien, & de la veuë des bons exemples. Mais pource qu'il arriue qu'il y a toujours au monde plus grand nombre de vicieux que de vertueux, & qu'outre l'imitation, à laquelle nous ſommes enclins, nous auons naturellement vne fort violente pente vers le vice; ſous quelque belle diſcipline que les hommes ſoiét eſleués, quelques belles inſtitutions que l'on faſſe pour leur faire prendre le pli de l'honneſteté & de la vertu, ils ſe trouuent toûjours fort éloignés des preceptes qu'on leur en donne. Neantmoins il n'y a gueres de gens ſi peu verſés en la connoiſſance des choſes paſſées, ni ſi peu attentifs à la conſideration des preſentes, qui ne reconnoiſſent qu'autrefois ceux de noftre profeffion auoyent en cet égard vn merueilleufement grand auantage par deffus leurs concitoyens, & que maintenant encor nous n'auons point fi fort degeneré que pour cela nous en meritions la haine publique. En la naiffance de nos Eglifes en ce Royaume, & plufieurs années depuis, il ne s'entendoit entre nous ni blafpheme contre Dieu, ni mefdifance ou iniure contre les hommes Les propos fales & les chanfons lafciues en eftoient bannies abfolument ; c'eftoit chofe rare que de voir ceux de noftre Religion frequenter les cabarets , & les autres lieux, ou de berlan ou de diffolution ; & s'il eftoit arriué à quelqu'vn de mettre le pied en ceux que la paillardife auoit diffamés , on le tenoit comme vn monftre. La rondeur , l'integrité , la bonne foy, la fincerité eftoient chofes fi ordinaires & fi populaires parmi nous, qu'il n'y auoit pas à beaucoup prés tant de loüange & de recommandation à les pratiquer, que d'horreur & d'execration à encourir, fi on ne les faifoit pas affés clairement reluire en toute fa vie. La charité y eftoit fi exemplaire, notammét où il eftoit befoin de foulager les pauures & les fouffreteux , qu'il fembloit

quaſi qu'on ne poſſedaſt rien en particulier , & qu'à l'imitation des premiers
Chreſtiens, chacun penſaſt que ſi Dieu
luy auoit donné du bien , il l'en auoit
pluſtoſt eſtabli diſpenſateur pour la
commodité d'autruy , que ſeigneur &
poſſeſſeur pour ſes propres auantages.
La ſimplicité des habillemens eſtoit la
marque exterieure de la modeſtie interieure du cœur, & generalement toute
la conuerſation de nos ayeuls eſtoit
pleine d'inſtruction & d'edification,
mémes à leurs propres aduerſaires. Au
commencement à la verité, lors que la
rigueur des mauuais traittemens obli-
geoit nos peres à faire leurs exercices
de pieté la nuit , ou en des lieux ca-
chés & reculés de la connoiſſance des
autres hommes, quelques vns leur ont
imputé d'y commettre des actions qui
à peine ſe feroient entre les barbares.
Mais quand on en a voulu prendre
connoiſſance , ou bien qu'on leur a
donné la liberté de paroiſtre à la veuë
du monde, la calomnie meſme a eu
quelque honte de les en auoir accuſés.
Et pour eux, outre le témoignage de
leur bonne conſcience, qui leur eſtoit
vn inuincible rempart contre ces hor-

ribles accufations , ils fe font confolés
en la conformité qu'ils ont euë auec les
premiers Chreftiens, que les Payens ont
autrefois voulu diffamer des mémes crimes. Maintenant, comme perfonne ne
nous met fus de fi atroces & de fi épou-
uantables actions, auffi aduoüons nous
franchement que nous ne meritons pas
toute la loüange qui eft deuë à la vie
de nos predeceffeurs. Car encore que
nous ne le puiffions faire fans qu'il nous
en reuienne de la honte , fi faut il
pourtant reconnoiftre que nous fommes
beaucoup décheus de noftre ancienne
pureté, & qu'il ne fe void que trop ordinairement parmi nous des exemples
de tous les vices qui ont la vogue dans
le fiecle. Ie ne fçy fi i'en dois accufer
la commune condition de toutes les
chofes du monde, qui ne fe maintiennent iamais conftamment en vn eftat ;
ou fi noftre frequentation s'eftant renduë plus ordinaire & plus familiere
auec ceux qui font profeffion de viure
plus licentieufement, noftre conuerfa-
tió s'eft alterée par leur exemples. Tant
y a que noftre lumiere a fouffert vn
grand obfcurciffement , & que fi on
compare noftre eftat prefent auec celuy

des

des temps paſſés, peu s'en faut que ie
ne die qu'en beaucoup de choſes & en
beaucoup de lieux à peine ſommes nous
reconnoiſſables. Neanmoins ſi on ne
nous compare point auec nos peres, en
quoy ſans doute nous auons du deſa-
uantage tant & plus, mais qu'on nous
conſidere ſeulement du mèſme œil dont
on regarde la pluſpart de ceux qui ſont
en la communion de Rome, il n'y a perſonne ſi peu equitable qui eſtime que
noſtre vie nous rende indignes de l'affection des honneſtes gens. Car au moins
on n'entend point entre nous ces execrables blaſphèmes contre la Diuinité
que nous voyóns auec beaucoup de
douleur demeurer impunis en diuers
lieux, pourueu que ceux qui les comn et-
tent au veu & au ſceu de tout le monde,
ie ne diray pas aillent à la Meſſe vne fois
l'an, car on ne s'enquiert pas s'ils y aſſi-
ſtent, mais ſeulement qu'ils ne viennent
point au Preſche auec nous. Et ne pouuons aſſez nous emerüeiller que s'il eſt
arriué à quelqu'vn de noſtre profeſſion
de laiſſer eſchapper quelque parole in-
conſiderée, qui ſe puiſſe mal interpreter
contre ſon intention, comme ſi elle a-
uoit eſté dite au deshonneur de la tien-

D

heureuſe Vierge, ou des autres Saints de
Paradis, les Magiſtrats inferieurs pro-
noncent incontinent à l'encontre d'eux
des iugemens ſi rigoureux, qu'il faut que
les Parlemens les corrigent ; & que cependant en la preſence meſme de ceux
qui ſont en authorité, on vomiſſe im-
punément contre Dieu & contre noſtre
Seigneur Ieſus des horreurs, qui font
fremir iuſques à ceux qui ne ſont pas
fort ſenſibles à ce qui eſt de leur gloire.
S'il y a des débauchés en noſtre profeſſion, comme il n'y en a ſans doute que
trop, au moins faut il qu'ils eſſayent de
l'eſtre en cachette, & que leurs diſſolu-
tions ne puiſſent eſtre conuaincuës ; au
lieu que nous en voyons ailleurs qui
font trophée de leurs vices, & qui prennent à grande gloire qu'on les tienne
pour bons compagnons. S'il y a quelqu'vn de noſtre nombre que le Magiſtrat ſoit obligé de chaſtier par la ſeuerité des loix publiques, cela arriue pourtant aſſés rarement, quoy qu'il y en a
beaucoup qui ne nous ſont pas ſi fauorables que de vouloir conniuer à nos fautes, s'il nous arriuoit d'en faire qui fuſſent dignes de leur chaſtiment. Il reſte
encore entre ceux de la Religion quel-

que chofe de cette ancienne charité,
que nos peres auoient pour les pauures,
au moins pour ne permettre pas, s'il eft
poffible, que ceux qui font neceffiteux
foient obligés de mandier. Si mefmes
les pauures de profeffion contraire ne
trouuoient en nous de l'humanité, nous
ne les verrions pas en foule aux portes
de nos maifons & dans les entrées de
nos Temples ; au lieu que fi les noftres
auoient efté reduits à cette neceffité de
quefter par les maifons, & aux veftibu-
les des Eglifes, il y a des lieux où tant
s'en faut qu'ils trouuaffent les entrailles
des hommes ouuertes, que ce feroit
beaucoup s'ils fe pouuoient retirer fans
autre mécontentement que d'eftre tout
fimplement éconduits. Enfin, lors que
quelque difette extraordinaire preffe
ceux qui ont le foin de l'adminiftration
des hofpitaux, ils trouuent felon nos
facultés, & au delà de nos facultés, nos
bourfes ouuertes pour leur foulagemét;
au lieu qu'en diuers endroits, s'il y a
quelque miferable de noftre profeffion,
qui n'ait point de retraitte ailleurs, il y
a toutes les peines du monde à obtenir
qu'il foit recueilly en ces lieux publics,
& quand il y eft, il n'y a moyen de le ga-

rentir de la perfecution qu'on y fait à
fa confcience. Ie fçay bien que cela ne
fe fait pas vniuerfellement par tout, &
qu'en quelques vns nous rencontrons
plus de debonnaireté, & ne mets pas
cela en auant, ni par forme de plainte
contre ceux qui fe monftrent plus rigoureux, ni pour offenfer l'efprit de
perfonne. Ie ferois marry que ces propos qui font deftinés à diminuer la haine
que beaucoup de gens ont contre nous,
en irritaffent aucun par quelque parole
inconfiderée. Ie veux feulement dire
que la condition des chofes humaines
eftant telle, qu'il n'y a pas moyen de pre-
feruer ni l'vne ni l'autre profeffion de
quelque corruption dans les bonnes
mœurs, nous ne meritons pas en cét
égard d'eftre haïs de ceux dont les deportemens n'ont point d'auantage par
deffus les noftres. Car quand ie diray
que dans l'ordre de la Nobleffe, & de
ceux qui frequentent les Cours des
Rois, nous auons dans ce peu qui nous
en refte des exemples d'vne tres haute
& tres eminente vertu : que dans ce petit nombre de Magiftrats que nous auós
dans les Cours Souueraines & inferieures, il y a des perfonnages d'vne droiture

rare & singuliere, au iugement mesme
de leurs ennemis: que dans la condition
des Ministres il y a de l'honnesteté, de la
circóspeĉtion, & de la retenuë, à laquelle
quelques vns d'entre les Ecclesiastiques
ne voudroient pas eux-mesmes se comparer; & que parmi ce qu'on appelle le
peuple, quoy que celuy de nostre profession ait beaucoup degeneré de la pureté de ses ancestres, si ne sommes nous
pas encore absolument reduits à l'égali-
té, ie m'asseure qu'aucun ne m'accusera
d'auoir auancé vne proposition temed-
raire. On oit encore souuent de la bouche de nos aduersaires des témoignages
semblables à ceux dont les Chrestiens se
vantent dans Tertullian; *Caius Seius est*
homme de bien, & n'y a rien à redire en
luy, sinon qu'il fait profeßion du Christia-
nisme : C'est dommage, dit-on, dequoy
vn tel est Huguenot ; car d'ailleurs c'est
vn parfaitement honneste homme. Partant puis que nous ne dißipons point la
Republique par nos crimes, que nous ne
gastons point nos prochains par les mauuais exemples de nos aĉtions, & que méme nostre Discipline & nos institutions
peuuent contribuer quelque chose à la
correĉtion des vices qui deshonorent la

vie des hommes, & qui incommodent
leur focieté, foit pour en arrefter le cou-
rant, ou pour empefcher au moins qu'elle n'en foit entierement inondée, ie con-
clus que nous deurions receuoir de toutes fortes de perfonnes plus de preuues
de leur bonne volonté, & particulierement de nos Superieurs vn traittement
fans paffion, en ce qui eft de l'vfage de
leur puiffance. Tellement que s'ils nous
y tiennent quelques rigueurs que les autres n'éprouuent pas, il y a en cela vn
affés notable manquement contre les
droits communs que la nature & la raifon ont eftablis entre les hommes. Car
quant à ce qui eft de nos fentimens en
la matiere de la Religion, c'eft vne chofe qui doit eftre mife tout à fait à part.
Nous verrons cy-deffous, Dieu aidant,
que ni pour ce que nous en croyons, ni
pour ce que nous n'en croyons pas, nous
ne meritons nullement qu'à cette occafion l'on nous traitte moins fauorablement que les autres. Mais quels qu'ils
foient, ie dis qu'ils ne doiuent nullement
venir en confideration, foit pour nous
priuer des bons offices de la commune
humanité, ou pour peruertir noftre droit
en l'adminiftration de la Iuftice. Le pre-

mier droit de tous est celui de la Nature:
c'est le fondement sur lequel les autres
sont édifiés, & comme la source dont
ils decoulent. Le second est celui de la
Police, qui ne doit, s'il est possible, en
aucune façon prejudicier au premier:
pour ce que c'est vn droit, c'est à dire
vne regle de la iustice & de la vertu, qui
ne peut estre violé sans peché; & pource encore qu'en le renuersant, le droit
de la Police se renuerse aussi luy mesme, & détruit la base de son establissement. Le troisième finalement est celuy de la Religion, qui ne sçauroit subsister si celuy de la Nature & de la Police
ne demeurent. Car pour ce que nous
sommes hômes auant que d'estre Chrestiens, les sentimens de la Nature prece-
dent en nous les creances de la Foy. Et
pour ce que nous sommes sociables d'v-
ne societé politique, auant que nous en
formions aucune pour les deuoirs de la
pieté, c'est vn peruertissement de l'ordre
que Dieu a mis entre les choses, que de
penser faire œuure de pieté, quand en sa
consideration on ruine les droits sur lesquels la societé Politique est établie. Au
contraire, qui obeït aux loix de la Natu-
te & de la Police bien & legitimement

conftituée, fe conforme à celles de la
Religion, d'autant qu'en la Religion
Dieu commande que ces deux premiers
droits nous foyent abfolument inuiola-
bles. La Religion veut que les peres à
leurs enfans, & les enfans à leurs peres,
les fuperieurs à leurs inferieurs, & les inferieurs à leurs fuperieurs de mefme, &
que les égaux finalement à leurs égaux.
de voifin à voifin, de citoyen à citoyen,
d'ami à ami, & de frere à frere, chacun
à caufe de ces relations, & fans en eftre
deftourné par aucune autre confideration, rende tous les deuoirs aufquels les
loix de l'humanité, & celles de la focieté
nous obligent. Dans les offices de la charité & de la beneficence qui ne font pas
fi exactement obligatoires que ceux de la
iuftice & du droit, l'Apoftre S. Paul ordonne aux Chreftiens de faire du bien
à tous, mais principalement aux do-
meftiques de la Foy. Pour ce qu'eftant
la queftion de donner à autruy ce qui
nous appartient & non à luy, celuy auec
qui nous n'auons autre communion que
celle de la nature & de la police, ne fe
doit pas plaindre fi nous fa fons plus de
confideration d'vn autre auec qui, outre
la nature & la police, nous auons encore

cette étroitte liaison qui nous conjoint
en vne mesme Religion. Car puis que ce
sont ces relations qui nous obligent à
les gratifier de nos bienfaits, quand il les
faudra mettre en comparaison , celuy en
qui nous les verrons toutes coniointement, sera sans doute preferable à vn autre en qui nous n'en verrons sinon quelques vnes. Mais en l'administration de
la Iustice , il en va tout autrement. Car
pour ce qu'il s'agist de rendre à autruy ce
qui luy appartient & non à nous, nulles
autres relations n'y doiuent estre consi-
derées. En la distribution des offices de
la charité, quiconque prefere les dome-
stiques de la Foy à ceux qui ne le sót pas,
suit la disposition de la volonté de Dieu,
qui a plus mis en cettuy·cy qu'en cettuy-
là de ces raisons & de ces motifs qui la
doiuent exciter en nous. En la dispensation des deuoirs de la Iustice & du
droit, quiconque met deuant ses yeux autre consideration que celle de rendre à
chacun ce qui luy appartient , fait directement contre la disposition de la volonté de Dieu, qui auoit ordonné qu'vn
tel, quelque profession qu'il fist en matiere de religion, ou quelqu'autre defaut
qui fust en sa personne d'ailleurs , iouïst

ou de telle chose, ou de telle liberté, par
les loix de la Nature & de la Police. Et
puis que Dieu, qui est plus zelateur de sa
gloire, & qui sçait mieux ce qui la peut
auancer que nous, a tellement conduit
les choses par sa Prouidence, qu'en suiu-
ant l'ordre des Loix de la Nature & de
la Police, desquelles il est autheur, il a
laissé la iouïssance de diuerses choses, &
l'vsage de diuerses libertés aux ennemis
de sa verité, c'est passion, & precipita-
tion, & temerité à nous que de les leur
vouloir oster, iusques à ce que par la méme Prouidence il ait changé l'ordre de
ces loix ou de la Police ou de la Nature.
En effet l'Apostre ne veut pas que la difference de Religion donne de legitime
occasion à la dissolution des mariages,
ni à ceux que ce lien à conjoints, sujet de
se priuer mutuellement des deuoirs ausquels ils sont obligés. Et si le méme Apostre oblige les Chrestiens de son temps à
prier Dieu pour les Rois, pour les Gouuerneurs, pour les Magistrats, & generalement pour tous les hommes, pource
que l'auantage qu'ils auoyent d'estre
Chrestiens, au lieu que les autres ne l'e-
stoient pas, & que d'entr'eux il y en auoit
plusieurs horriblement perdus & infa-

mes, ne les exentoit pas de l'obligation
du droit politique, qui faifoit qu'ils com-
pofoyent vn mefme Eftat ; il eft certes à
prefumer que fi les Rois, & les Gouuerneurs, & les Magiftrats, & la plus grande
partie des peuples euffent efté Chreftiés
de fon temps, il n'euft pas permis non
plus que le Chriftianifme leur euft efté
vn pretexte d'abufer de leur authorité &
de leur nombre à l'oppreffion de ceux
qui n'auoient encore peu connoiftre la
verité de Iefus Chrift.   Comme encore
que deux nations foient de religion differente, fi eft ce que le zele de la Chre-
ftienne ne la doit pas porter à violer à
l'égard de l'autre le droit des gens, pour
ce que c'eft vne loy cômune que le con-
fentemét des peuples a eftablie entr'eux;
encore que deux perfonnes foient dans
le Chriftianifme d'vne profeffion toute
oppofée, le zele de la Catholique ne la
doit point porter à l'égard de la Reformée à enfraindre les droits de leur focieté, que la Nature, & l'autorité du Souuerain, ou leur commun confentement a
établis entr'elles de méme. Et veritablement ie ne puis que ie ne loüe icy le iugement de Monfieur de Silhon l'vn des
bons Politiques de noftre temps, qui dit,

que ce fut iuſtement que Ladiſlas Roy
de Hongrie, perdit la bataille & la vie à
Varnes, pource qu'à la ſuggeſtion du Le
gat du Pape, il auoit rompu la foy qu'il
auoit donnée à Amurat Empereur des
Turcs, & que cet infidele auoit raiſon en
la chaleur du combat d'appeller Ieſus
Chriſt à venger la perfidie de ceux qui
faiſoient profeſſion de ſon Nom , dont
ils auoient interpoſé l'authorité en la paix
qu'ils auoient iurée. Or quelque difference qu'il y ait en matiere de creance
entre les Catholiques Romains & les
Reformés , ſi ne peut elle eſtre ſi grande
qu'elle eſt entre les Chreſtiens & les
Turcs, ou les autres infideles. Et ſi le Pape n'a point la puiſſance de diſpenſer du
ſerment par lequel on a ratifié la paix a-
uec les Mécreans, il n'y a point de raiſon
que la paſſion particuliere de quelques
vns les diſpenſe de nous rendre le droit
qui nous eſt acquis par les Edicts & par
des Loix ſi ſolennellement publiées.

                                        SEC

SECTION II.

Que si on considere ceux de la Religion dans les denoirs ausquels ils sont obligés enuers le Roy & l'Estat entant que François, ils ne sont point dignes de l'auersion de qui que ce soit.

VANT à la seconde façon en laquelle nous pouuons estre considerés, c'est à sçauoir, entant que nous sommes François, nous ne sommes certes non plus dignes de la mauuaise volonté de nos concitoyens, soit à l'égard de ce que nous sommes à l'Etat en general, soit à l'égard de ce que nous deuons estre enuers nostre Prince. Car pour ce qui est de l'Estat, si nous estions ou Mores, ou Gots, ou Vandales, ou quelque autre nation estrangere de cette sorte, qui fust venuë en France pour occuper le païs à force d'armes, & en reduire en seruitude les naturels habitans, & que la constitution des choses ayant changé, nous fussions deuenus plus foibles en nombre, & incapables

E

de nous defendre contre la nation origi-
naire, on pourroit aucunement excuſer
ſes reſſentimens. Le mauuais traittement
que nous en receurions pourroit meſme
eſtre coloré de cette raiſon d'Eſtat, que
pour nous oſter l'humeur de Conque-
rans, il nous faudroit tenir bas, afin qu'a-
uec le pouuoir & l'eſperance de reüſſir,
nous perdiſſions auſſi l'enuie de rien entreprendre. Si nous eſtions originaires
du pays, & que les Catholiqus Romains
fuſſent étrangers, qui nous euſſent ſub-
iugués & aſſeruis de bonne guerre, on
pourroit dire, s'ils nous traittoiét vn peu
rigoureuſement, qu'ils vſeroient en quelque façon du droit des gés, qui donne cet
auantage au victorieux, & que la prudéce
ne permet pas qu'on laiſſe tant ſoit peu
leuer la teſte aux vaincus, de peur que le
courage ne leur reuienne. Quoy que la
plus ſage Politique du móde, qui eſt celle
des anciens Romains, en vſoit ordinairement autremét. Car ou bien ils incorpo-
royét auec eux en vne meſme nation celles qu'ils auoiét vaincuës, en leur dónant
les meſmes priuileges, & le meſme rang
au gouuernement de leur Eſtat ; ou
bien au moins ils les traittoient auec toute ſorte d'equité & de douceur, & les

empeſchoient ainſi de regretter leur for-
tune precedente. Pour ce qu'ils ſçauoient
que ceux qui ſont contens de leur condition, n'en deſirent point vne meilleure;
& qu'au contraire les mécontentemens
que l'on donne à des gens vaincus, les
rendét indubitablemét deſireux de nou-
ueautés, & enclins à toutes ſortes de partis qui leur preſentent de meilleures eſperances. C'eſt pourquoy quand ils de-
manderent à ceux de Priuerne, qui s'e-
ſtoiét rebellés contr'eux, & qu'ils auoiét
ramenés à la raiſon par la voye des armes,
quelle ils ſe deuoient attédre que pourroit eſtre la paix s'ils la leur donnoient; &
que ceux de Priuerne eurent reſpondu;
fidelle & perpetuelle, ſi vous nous la donnés
bonne, mais de peu de durée, ſi vous la nous
donnés mauuaiſe, ainſi qu'ils eſtoient ma-
gnanimes, ils approuuerent cette gene-
roſité. Et leur raiſon fut qu'il n'y auoit
nulle apparence qu'il ſe rencontraſt ni
peuple, ni homme, qui n'eſtant pas content de ſa condition, la ſupportaſt ſinon
autant de temps qu'il y ſeroit contraint,
& qu'il ne s'en pourroit pas procurer vne
plus douce & plus raiſonnable. Mais
quelles que ſoient toutes ces conſiderations, elles n'ont point de lieu en ce qui

nous concerne. Car nous sommes, comme chacun sçait, originaires du pays, ainsi que les autres : & s'il y en a quelques-vns d'entre nous qui foient venus des pays estrangers, ou bien ils sont en extrémement petit nombre, ou ils sont sortis de nations auec lesquelles la nostre a toûjours eu de si estroites alliances, que quand ils ont mis le pied en France, ils ont esté tenus pour François, ou bien il y a si long temps que leurs anceftres sont habituès parmi nous, & ils sont entés dans le corps de la nation de si longuemain, qu'il ne reste plus de memoire de leur extraction, ni plus de marque de la distinction de leur origine. Or tout le monde sçait qu'il est naturel aux hommes de tirer occasion delà de s'entr'aimer & de s'entrefauoriser, & & que si l'amour de la patrie s'estend iusques aux costaux, & aux riuieres, & aux campagnes de nostre habitation, les affections qu'elle engendre doiuent se porter plus directement sur les hommes mesmes, puis que ce sont eux qui a proprement parler font la patrie & l'Estat, beaucoup plus que les choses insensibles & inanimées. Adjoûtés à cela que nos parétés & nos alliáces sont telles en tout

le Royaume, qu'il n'y a aucune famille
de noſtre profeſſion qui ne ſoit meſlée
auec d'autres qui n'en ſont pas. Car
quand nos anceſtres l'ont premierement
embraſſée la ſeparation s'eſt faite de telle ſorte, que non ſeulement il n'y a eu
parenté qui n'ait eu des familles de ſon
ſang & de ſes alliances en l'vn & l'autre
parti, mais meſmes qu'il y a eu quantité
de maiſons particulieres partagées, le
pere ſe trouuant d'vne religiõ, & la mere
d'vne autre, les enfans pareillement. Depuis, ou bien les Catholiques ont tellement continué de ſe ranger du coſté
des Reformés, ou les Reformés en chan-
geant d'aduis ſont tellement retournés
en la communion des Catholiques, ou
enfin les mariages ſe ſont tellement bi-
garrés entr'eux, que leurs familles s'entretiennent par vne infinité d'attache-
mens & d'alliances. Ce qui deuroit non
ſeulement beaucoup diminuer de cette
auerſion que la diuerſité des opinions au
fait de la Religion engendre dedans nos
eſprits, mais meſmes y produire des affe-
ctiõs dignes des plus beaux & plus loüia-
bles ſentimens de la Nature. De plus,
encore que le nombre que nous faiſons
n'eſt pas à comparer à celuy de profeſſiõ

contraire, ſi n'eſt il pas ſi petit ni ſi contemptible pourtant , qu'on n'en doiue
faire conſideration en l'Eſtat. Car la
grandeur & la force des Empires conſiſte principallement en la multitude des
hommes ; c'eſt là que ſont leurs reſſour-
ces quâd il leur arriue quelques notables
accidens ; c'eſt ce qui les rend conſidera-
bles à leurs voiſins & redoutables à leurs
ennemis ; c'eſt en vn mot ce qui les rend
capables & de ſoûtenir les grandes guerres , lors qu'on les attaque chez eux , &
d'entreprédre au dehors des conqueſtes
& vtiles & glorieuſes. Or eſt il vray qu'é
quelque Prouince de ce Royaume,
comme eſt la Prouence, la Bretagne, le
Berry , la Bourgogne , la Picardie , &
la Champagne, il y a fort peu de Reformés en comparaiſon des autres. Mais
auſſi n'ignore t'on pas que le Poictou,
& la Saintonge , & la haute & la baſſe
Guyenne, le Bearn , le Languedoc, les
Seuenes , le Dauphiné , & quelques autres Prouinces en ſont tellement ſemées,
ſans conter ce qu'il y en a en l'Iſle de
France en Normandie , & en tous les
autres lieux où ils ſont épars, qu'ils ſont
vne partie fort conſiderable de ce grand
corps. Tellement qu'encore qu'ils n'y

tiennent pas le lieu que la teste tient au corps humain, si est ce que comme la teste à soin des parties inferieures, la bonté & la sagesse de nos Rois a creu qu'elle deuoit pouruoir à nostre conseruation par l'autorité des loix publiques. Or les parties qui sont au dessous de la teste, s'entr'assistent respectiuement, de sorte que celles qui en sont les plus prochaines, & qui seruét à l'égard des autres ainsi que canaux pour y porter les esprits, ne les arrestent pas en passant, pour ce que de la perclusion, ou de la foiblesse de quelques vns de ses membres le corps demeureroit incommodé. Ceux donc qui tiennent en ce Royaume le gouuernement & la puissance sous l'autorité de sa Majesté, & generalement tous ceux auec qui nous viuons sont obligés par l'affection qu'ils portent à l'estat, de ne nous empescher point l'effet des bonnes volontés de nostre Prince, & de nous affectionner comme composans auec eux vn mesme corps, dont la cóseruation & la felicité dépend, de la bonne vnion de ses parties. Et veritablement nos plus grands aduersaires mesmes ne peuuét pas reuoquer en doute, que selon le nombre que nous y fai-

fons, & les emplois que noftre propre inclination ou la puiffance publique nous
y donne, nous ne contribuïons au bien
de ce grand Empire, tout ce que nous y
pouuons apporter d'ornement & d'vtilité. Les payfans, qui font en grand nombre de noftre profeffion dans les Prouinces dont i'ay fait mention cy deffus, y cul-
tiuét la terre, & fourniffent par ce moyen
à la nourriture de ceux qui les gouuer-
nent, & aux neceffités de l'Eftat. Les Ar-
tifans n'y font point inferieurs aux autres en toute forte d'ouurages, & n'y a
gueres de profeffions de cette nature, ou
nous n'en ayons toufiours eu quelques
vns fort excellens. Les Marchans qui font
par tout, & notamment dans les Ports de
mer, fourniffent les villes des commodi-
tés des pays eftrangers, tranfportent chés
nos voifins les chofes dont nous abon-
dons, & par le moyen de ce commerce
defchargent le Royaume de ce qui luy
péfe, l'accommodent de ce dont il a befoin, & mémes y attirent l'argent, dont
nous manquerions autrement par faute
de mines. Les gens de lettres n'y reüffif-
fent point fi mal, qu'on ne voye fortir
d'entre nous des hommes eloquens pour
le Barreau, de bons Medecins pour les

villes, & de rares lumieres en toutes scié-
ces & semble mesme qu'en la belle lite-
rature,& en la connoissance de l'antiquité,les Casaubons,les Scaligers,& les Sau-
maises . l'ayent emporté par dessus tous
ceux qui s'en sont meslés depuis long-
temps. La Noblesse,& tous ceux que la
generosité de leurs inclinations attire à
suiure les armes, ne sont pas en si petit
nombre dans les Armées, qu'ils ne s'y
rendent considerables, & ils s'y acquit-
tent de leur deuoir de telle sorte , qu'ils
s'y sont signalés en de tres-grandes &
tres-importantes occasions. Et c'est chose aucunement étrange que quelquefois
à l'heure que les pauures artisans ont bien
de la peine à surmonter la haine que l'on
porte à la Religion qu'ils professent,pour
auoir habitation dans les villes,& s'esta-
blir dans les Maistrises de leurs mestiers,
le Roy met vne bonne partie des forces
& de la seureté de son Estat entre les
mains de Generaux d'armée qui sont de
mesme profession. Ainsi au Conseil de
sa Majesté, l'auersion qu'on peut auoir
contre   nostre   creance   n'empasche
pas que le bon heur , & la conduite , &
le courage, ne puissent éleuer les hommes aux grandes charges de la Couron-

ne , & a de si glorieux emplois : & dedans les Prouinces en diuers endroits,
elle empesche que l'industrie. & l'adresse,
& l'intelligence dans les plus petits arts,
n'y puissent promouuoir les sujets de sa
Majesté. pour l'vtilité du public, & pour
le soust é de leurs familles. Enfin generalement en toutes les necessités du Royaume, s'il y a quelque chose à faire , nous
la faisons selon nostre puissance aussi al-
laigrement que ceux qui sont beaucoup
plus fauorisés que nous , & s'il y en a
quelque autre à souffrir, nous la portons
pour le moins aussi patiemment que les
autres , bien qu'on ne nous épargne nullement en la distribution du faix , & que
de la plus part du temps les proportions
n'y sont nullement gardées. Il y a donc
certes quelque sujet d'estonnement que
toutes ces considerations ne sont point
capables de contrebalancer vn peu cette
violente passion que quelques vns ont
contre nous. Si c'estoyent les Moines,&
les gens particulieremét destinés à la deuotion, de qui dependist l'execution des
volontês de sa Majesté en ce qui nous có-
cerne, cela ne deuroit pas estre trouué si
estrange comme il est. Ces Messieurs sót
d'ordinaire si preoccupés , & se laissent

tellement tranſporter au zele qu'ils ont
pour l'auancement de leurs dogmes, &
pour l'établiſſement de l'autorité de leurs
charges. que noſtre doctrine attaque particulierement, qu'il n'y a rien de merueilleux s'ils s'emportent en cette occu-
rence. Iont que leur condition ne les
appellant p·s au gouuernemét,ils ne peuuent pas ſi bien ȼauoir quel ten peramét
la bonne & ſage Politique, & les raiſons
de la iuſtice & du Public, doiuent apporter à l'ardeur de ce zele dont il faut que
des gens de leur robbe faſſent profeſſion
de bruſler. Mais quand à ceux qui ſont
nourris dans le monde, & éleués dans
les charges, dont noſtre religion n'enta-
me aucunement l'authorité, & à qui l'experience des choſes a deu faire comprendre qu'il y a bien de la difference entre
les Regles du gouuernement d'vn Cloi-
ſtre, & celles de l'adminiſtration de la
iuſtice ſelon les loix d'vn grand Eſtat, c'eſt
veritablement vne choſe digne de quelque admiration, qu'il s'en trouue que la
paſſion de la Religion detourne ſi loin
du droit chemin de l'équité, qu'ils ſui-
uent aſſés conſcientieuſement en autres
rencontres.

Si on nous conſidere à l'égard de ce

que nous deuons eſtre enuers noſtre
Prince , nos conſciences nous rendent
témoignage que nos ames ſont ſi remplies
du reſpect , de la reuerence, & de l’affection que nous auons à la perſonne, &
du zele & de la ialouſie que nous auons
pour ſa gloire & pour ſa grandeur, que
nous ne pouuons nous perſuader qu’il y
ait aucun qui nous ſurpaſſe en cette loüange. Et i’eſtime que nos plus grands
ennemis ne la nous conteſtẽt pas. Car encore que depuis que nous auons com-
mencé de paroiſtre en cét Eſtat , il y ait
eu des confuſions étranges, & que quelques vns de nos Rois , à la ſollicitation
de nos ennemis , ayent employé tout ce
qu’ils auoient de puiſſance pour nous en
exterminer, iuſques là que ſous leur nom
il s’y eſt fait contre nous des executions
capables de mettre les moins impatiens
au deſeſpoir , ſi eſt ce que par la grace de
Dieu aucun de nous ne s’eſt encore iamais trouué meſlé dans les conſeils des
execrables attentats qu’on a commis cõ-
tre leurs perſonnes. Et ſi noſtre nation
a receu quelque deshõneur de la production de ces monſtre qui ont ſi traitreu-
ſement violé leur ſacrée Maieſté , noſtre
communion au moins eſt exente de la
honte

honte & de l'infamie de leur education.
Il eſt vray que quelques vns nous ont
ſoupçonnés & meſmes ouuertemeet accusés d'eſtre ennemis de la royauté, &
d'auoir eu quelque deſſein ou de changer
la forme du gouuernement de l'Eſtat, ou
au moins de nous y vouloir cantonner
en quelque lieu, pour nous former en
Republique. Et ceux qui veulent croire
que nous auons eu cette malheureuſe intention, penſent en auoir quelque preuue dans les guerres qui ſe font faites en ce
Royaume du temps de nos Peres & du
noſtre. Quelques vns meſmes nous ob-
jeƈent que les affaires qui ſe paſſent
maintenant en Angleterre, découurent
aſsés quel eſt en cela le genie de noſtre
Religion. Mais certainement quelque
malheur qui ſoit arriué à ceux de noſtre
communion; d'eſtre ou forcés, ou obligés, ou portés par quelque conſideration que ç'ait eſté, à prendre les armes
pour la liberté de leurs conſciences; c'eſt
à grand tort qu'on nous impute d'auoir
eu de ſi pernicieuſes pensées, & c'eſt
auec beaucoup de douleur que nous en
voyons l'accuſation imprimée en tant
d'endroits. Mais i'eſtime neantmoins
qu'il n'y a point de injuſtice plus de-

uant qui nous plaidions cette cause, qui
ne nous en enuoient pleinemét iustifiés.
Ie ne veux nullement entreprendre la defense de la prise des armes contre son
Prince, pour quelque cause que ce puisse estre. Ie sçay qu'il y a des Iurisconsul-
tes & des Politiques, des Theologiens
& des Casuistes, qui ont debattu cette
question de telle sorte, qu'ou bien ils
l'ont laissée indecise, ou bien ils l'ont
trop fauorisè ceux qui veulent limiter
l'autorité de la royauté. Mais bien que
plusieurs gens de toutes professions estiment la defense de la religion que l'on
croid vraye, & la liberté de la conscience à la professer, la moins illegitime de
toutes les causes qu'on peut alleguer
pour la iustification de cette action, i'ay
tousiours creu pourtant qu'il conuient
beaucoup mieux à la nature de l'Euangile, & à la pratique de l'Eglise ancienne, de n'auoir recours à autres armes
qu'à la patience, aux larmes, & aux prieres, en attendant qu'il plaise à Dieu changer le cœur des Rois, & donner par quelque autre voye repos & liberté à ses seruiteurs. Et à toutes les fois que ie re-
passe les yeux de l'esprit dessus l'histoire
de nos Peres, ie ne puis que ie ne re-

grette tres-sensiblement, qu'ils n'ayent
couronné tant d'autres belles vertus
dont ils nous ont laissé les exemples, de
l'imitation des premiers Chrestiens, en
cette invincible patience qu'ils mon-
strerent sous les persecutione des Empereurs. Car ils eussent ainsi retranché
toute occasion à ceux qui cherchoient
dequoy diffamer leur profession, & eussent, comme i'estime, plus glorieuse-
ment auancé la connoissance de la verité
par l'admiration de leur vertu & de leur
constance, qu'ils ne l'ont defenduë
auantageusement par la force de leurs
armes. Toutefois, encore qu'à mon aduis leur action ne soit pas de la nature
de celles qu'on doit loüer; car on ne louë
sinon celles en qui la vertu paroist eminente : encore qu'elle ne soit pas absolument à iustifier ; pource qu'on ne iustifie
sinon celles qui s'accordent tout à fait
aux loix, au lieu que celle cy ne se rapporte pas parfaitement aux commandemens de l'Euangile ; ie m'asseure qu'on
me supportera si ie dis, que s'il y en a
aucune de cette nature qui puisse estre ex-
cusée, ou supportée, ou pardonnée be-
nignement, c'est celle que nos ancestres ont faite en cette occurréce. Cha-

cun fçait la violence des Edits , & des
perfecutions qui ont efté faites contre
eux au commencement. Les prifons , les
gibets , les feux , les plus infupporrables
fupplices qui fe puiffe imaginer , y ont
efté employés affés long temps fans aucune mifericorde. Les bourreaux ont
eu quelques fois horreur de leurs tourmens , & quoy que les peuples fuffent
extremement animés à l'encontre d'eux,
fi ont ils eu affés fouuent de la compaf-
fion de leurs fouffrances. Quand donc
nonobftant la dureté de ces traittemens,
ils ne laifferent pas de multiplier de telle
façon , qu'en beaucoup de lieux ils euffent bien peu fe defendre fi la patience
leur euft échappé, pour chercher quelques moyens de fe garentir des extremi-
tés aufquelles on les mettoit, &, non certes attenter aux loix de l'Eftat & à la forme de fon gouuernement, car c'eft chofe
à laquelle ils n'ont iamais deu penfer,
mais empefcher feulement que les con-
feillers de ces inhumanités n'abufaffent
de l'autorité des Rois à leur entiere de-
ftruction, euffét ils rien fait en cela qu'on
n'ait accouftumé d'excufer charitable-
ment en toutes rencontres? Y a t'il forte
de refpect dont la violation ne foit fauo-

rablement interpretée , quand elle ne
procede que du defir de la conferuation
de fa vie en vne extreme & ineuitable ne-
cefli.é? Et de ceux qui font les plus feue-
res à condamner cette impatience de nos
ayeuls y n a t'il aucun qui fe peuft van-
ter de monftrer autant de moderation
qu'ils ont fait, s'il auoit efté mis à des
épreuues auffi rigoureufes? Neantmoins
pendant que dans le regne de François
premier & de Henry fecond . lors qu'on
ne pouuoit accufer ni la foibl ffe ni le bas
aage de ces deux grands Rois , & que
grands & petits demeuroient en leur
obeiffan e . & en l'obferuation de l'ordre
public, il ne s'eft iamais veu que nos Peres ayent rien oppofé à la feuerité de leurs
Ed s, finon vne infurmontable patience. Depuis, le nom de l'autorité fouueraine eftant deuolu à des Princes à qui
l'aage n'auoit pas encore permis d'apprendre l'art de regner , & toute leur
puiffance eftant effectuement tombée
entre les mains de gens dont l'aggrandif-
fement extraordinaire eftoit en charge
aux Grands de l'Eftat , & fufpect aux
Princes du fang & à la Maifon Royale
mefme, ces ialoufies & ces foupçons
partagerent manifeftement & le Royau-

me & la Cour. Tellement qu'y en ayant
plusieurs qui pour des interests beaucoup moindres que ceux de la conscience ou de la vie, se dispenserent de ce respect qu'on accuse ceux de la Religion de
n'auoir pas rendu alors, ce ne seroit pas
chose bien estrange quand ils se seroient
trouués enueloppés dans vne faute dont
estoient coupables tant de gens qui n'a-
uoient pas à beaucoup pres telle occasion de la faire qu'eux. Mais encore peut
on dire icy diuerses choses fort considerables pour leur descharge. La premiere
est, qu'ils n'en sont iamais venus à prendre les armes d'vn commun consentement, de sorte qu'on puisse attribuer cette action au general de ceux de la Religion, ni mesme à vne partie fort considerable de leur corps, iusques à ce qu'ils ont
pensé estre tout apparemment fondés en
droit de le faire, pour conseruer auec
leur vie & leur religion, la majesté des
loix publiques, & l'autorité du Souuerain. Car ils ne les prirent qu'apres le
fait de Vassi, qui estoit vne infraction
toute ouuerte de l'Edit de Ianuier, lequel
auoit esté fait en leur faueur par le Roy,
de l'aduis de la Reyne sa mere regente de
l'Estat, & de ceux qui ont accoustumé

d'auoir quelque voix & quelque credit
dans le gouuernement pendant la minorité du Prince. Quand donc ils virent
que l'autorité du Souuerain ne leur pouuoit estre vn assés seure sauuegarde contre la violence des particuliers, & qu'à ce
desir naturel de la conseruation de leur
vie, qu'ils voyoient autrement exposée à
la fureur de leurs ennemis, se ioignit encore cette consideration, que ce seroit
faire seruice & au Roy & à l'Estat que
d'entreprendre la defence de ses Loix, ils
ne firent plus de scrupule d'vne chose
contre laquelle leur conscience auoit re-
sisté iusques alors. Car quand à ce qui est
de l'entreprise d'Amboise, & de cette petite guerre si sage & si bien reglée que le
sieur de Mouuans entreprit en Dauphiné, outre qu'il y auoit autant ou plus de
raisons Politiques qui agissoient en ces
rencontres, que de causes de Religion,
ce sont faits de particuliers, dont il ne
faut point accuser nos Eglises en general,
& qu'on ne doit nullement imputer aux
inclinations que leur creance leur auoit
données. Mouuans essaya bien d'attirer
les Prouinces voisines à son exemple;
mais aucune ne le voulut suiure, & luy
mesme de son instinct mit incontinent

les armes bas, laissant plustost dedans les
esprits des hommes vne singuliere admiration de sa moderation & de sa conti-
nence en vne chose qui d'ordinaire en
garde si peu, qu'vne mauuaise impression
de son attentat. Car à péne voit on rien
de si retenu ni de si regulier maintenant
en pléne paix que furent ces petits mouuemés, comme les histoires les nous rapportent. Quant à l'affaire d'Amboise on
sçait assez que c'estoient des Princes qui
se seruoyent de la Renaudie, & qui loy
faisoient iouër le ieu, beaucoup plustost
pour l'interest de leur grãdeur, que pour
la consideration de la conscience. Mais
quoy qu'il en soit, & de quelques motifs
qu'on y ait esté porté, il se trouue encore
des lettres de Caluin mesme qui improu-
uent tant & plus cette conspiration. Ce
qui monstre qu'il s'en a beaucoup falu
que tous ceux de la Religion y ayent
trempé, estant à presumer qu'il n'y auoit
personne alors qui ne suiuist, pour la
pluspart, les conseils & les mouuemens
de ce grand personnage. Et de fait
il est inimaginable qu'elle eust peu estre
si secrette si elle eust esté communiquée à
tant de gens qu'il y en auoit alors de nostre profession : & celuy mesme qui la dé-

couurit en eſtoit, & il a ce témoignage dãs
l'hiſtoire de Monſieur de Thou, qu'il le
fit par pur & ſimple mouuement de ſa
conſcience. La ſeconde choſe qu'on peut
dire eſt, que quand tous ceux de la Religion prirent les armes en ce Royaume en
l'an mil cinq cens ſoixante & deux, les
affaires Politiques & celles de la conſcience ſe trouuerent alors ſi meſlées, &
la querelle entre la Maiſon de Bourbon
& celle de Guiſe éclatta de telle façon,
qu'encore que la Religion fuſt le pretexte de la guerre, ſi eſt ce qu'à l'égard des
Grands & de quelques vns de la Nobleſſe, la vraye cauſe en eſtoit en grande partie dans vne ialouſie d'Eſtat. Or en ce
qu'il y auoit de Religion, ceux de noſtre
profeſſion auoient au moins cet auantage, qu'outre la couleur apparente de ſu-
ſtice qui ſe voyoit en la defence d'vn Edit
enfraint ſi violemment, ils auoient pour
chefs des Princes du Sang, dont la conſideration a touſiours eſté tres-ſinguliere
en ce Royaume. Quant a ce qu'il y auoit
de Politique, ils ſouſtenoient la cauſe des
enfans de la Maiſon, contre ceux qu'on
diſoit vouloir ſe rendre poſſeſſeurs de la
Courône, & dont quelques temps apres
les deportemens ne iuſtifierent que trop

les foupçons qu'on en auoit eus. Car cette querelle, depuis la premiere guerre,
iufques à l'entiere extinction de la Ligue,
qui ne fut qu'enuiron trente-cinq ans
apres, a efté comme vne fievre continuë,
qui a eu quelquesfois fes remifes à la verité, mais dont le Corps de l'Eftat ne fut
iamais bien net pourtant, & qui ayant
toufiours fon fiege en mefmes parties &
en mefmes humeurs, s'eft renouuellée de
temps en temps par de fort furieux fym-
ptômes. La troifiéme chofe finalement
eit, que dés auffi toft qu'on a donné aux
Princes de la Religion, vne partie du
contentement qu'ils defiroient, & à ceux
qui les fuiuoient à la guerre, la feureté de
leurs vies, & la liberté de leurs confciences, auec quelque exercice de leur pieté,
ils ont inftotinent quitté les armes, & mémes affés fouuent abandonné des occafions auantageufes, ou d'auancer leurs
deffeins, s'ils en euffent eu d'autres que
moderés & dignes de bons François, ou
d'affeurer leur condition, & la rendre
moins fujette aux effets de la mauuaife
volonté de leurs aduerfaires. Car ils ont
rendu de bonne foy les places qu'ils a-
uoient occupées, & font eux mefmes al-
lés les premiers affieger celles qu'ils a-

uoient esté contraints de mettre entre les mains des Estrangers, comme ils firent le Haure de Grace; aimant mieux qu'on les accusast de peu de precaution en leurs affaires, & de peu de gratitude enuers ceux qui les auoient assistez, que de faute d'affection à leur pays, ou de fidelité à leur Prince. Et veritablement c'est chose tout à fait hors d'apparence que nos Peres ayent eu aucune pensée de Republicains, puis qu'ils ne faisoient la guerre que sous les enseignes des Princes du sang, qui auoient vn trop notable interest en la conseruation de la Monarchie, pour fauoriser de leur autorité & de leur conduite le dessein de la renuerser. En effect, par vne extraordinaire grace de Dieu leurs enfans sont maintenant dessus le Trône & tout à l'entour, & ny a aucun de la naissance de ceux de qui se font nos Rois, dont les peres ou les ayeuls n'ayent dans les tempestes de l'Estat, esté heureusement conserués au milieu de nos Eglises. Certainement on a enseueli la memoire des Ligues qui se sont faites pour exclurre de la succession au Royaume ceux que la Loy de l'Estat y appelloit, sous pretexte qu'ils n'estoient pas Catholiques. On ne

ſe ſouuient plus des Barricades & des
conſpirations qui ont eſté faites contre
les Princes deſia regnans , ſous ombre
qu'ils ne nous perſecutoient pas aſſés
cruellement au gré de nos ennemis. On
a perdu la ſouuenance des menées & des
monopoles qui ſe ſont faits pour tranſporter la couronne aux étrangers , pource que le legitime heritier , quoy qu'il
euſt laiſſé noſtre cómunion , eſtoit ſoup-
çonné de ne l'auoir pas fait de bon cœur,
& n'eſtoit pas encore bien auec Rome.
Et nous ne trouuons nullement eſtrange
que ceux qui ont eſté coupables de ces
actions , quand ils s'en ſont repentis , ni
que leurs enfans , quand ils ont eſté bons
Fráçois, aient eſté traittés auſſi fauorablement que ſi iamais ces choſes n'eſtoient
arriuées. Car il n'eſt pas raiſonnable que
la memoire des fautes demeure à perpetuité, ny qu'elles impriment pour tous-
jours des fleſtriſſures ineffaçables. Il y a
quelquesfois quelque mauuaiſe conſtel-
lation qui regne deſſus vne nation , ou
pour mieux dire quelque eſprit de tumulte & de ſedition, quelque démon ennemi de la ſocieté du genre humain, qui
charme les entendemens des hommes de
ſes illuſions , & qui ſe meſle dans leurs
paſſions,

paſſions, & les porte à des fureurs dont
ils ont les premiers horreur quand ils
ſont reuenus a eux meſmes. Alors ce n'eſt
ni iuſtice ni humanité que de leur reprocher leurs tranſports, non plus qu'à des
phrenetiques les leurs, quand ils retour-
nent en conualeſcence. Pourquoy donc
nous accuſeroit on encore maintenant
d'eſtre iſſus de peres ennemis de la
royauté, pource que l'impatience des
tourmens, & notamment l'horreur des
maſſacres, les a fait recourir aux armes
non pour auoir des Rois de leur religion,
non pour refuſer l'obeiſſance à ceux qui
en profeſſoient vne contraire, mais ſimplement pour taſcher à ſe garentir de
l'oppreſſion, de laquelle tout auſſi toſt
qu'ils ont penſé eſtre à couuert ſous les
Edits de paix, ils ſe ſont depoités des
voyes de fait, & ſe ſont d'eux meſmes
rangés aux termes d'vne entiere obeiſſance? En vn mot cette parole, qu'on
attribuë à la Reyne Catherine de Medicis, leur eſt vne entiere iuſtification;
qu'il ne ſe falloit pas donner beaucoup
de peine des guerres des Huguenots, ni
craindre qu'elles tiraſſent d'elles meſmes
à quelque mauuaiſe conſequence pour la
France. D'autant que pour opiniaſtré-

G

ment & furieufement qu'il y femblaffent
acharnés, on leur feroit quand on voudroit tomber les armes des mains, pourueu qu'on leur donnaft leur faoul de
Prefches.

Pour ce qui regarde les guerres de nos
temps, ou nos Eglifes ont eu quelque
part, il y faut bien diftinguer les mouuemens de quelques Grands, & peut-
eftre encor les inclinations de quelque
ville en particulier, d'auec le general
de ceux de noftre profeffió en ce Royaume. Si quelques Seigneurs y ont efté
menés d'ambition, & de defir de paroiftre à la tefte d'vn parti confiderable, c'eft
vn peché de leurs perfonnes, qui ne doit
point eftre autrement attribué aux peuples de noftre communion, finon qu'ils
n'ont pas efté afsés circonfpects pour fe
donner garde de l'artifice de ceux qui fo
feruent afsés fouuent du pretexte de la
religion & du bien public, pour fatisfaire à leurs paffions particulieres. S'il y a
eu quelque ville capable de cette mutine
& criminelle penfée, de fecoüer l'authorité de la Monarchie, & de donner la
naiffance à vn nonuel Eftat dans l'Eftat,
c'eft vn crime, qui eft demeuré dedans

l'enceinte de ſes murailles, & tant s'en
faut que le reſte de ceux de la Religion
qui ſont épandus dans le Royaume, en
ayent eſté ou complices ou corrompus,
qu'ils peuuent proteſter en bonne conſcience qu'il n'eſt iamais venu à leur connoiſſance, & que s'ils en euſſent ſceu
quelque choſe, ils l'euſſent eu en horreur. Et ſi on ne veut croire à la ſincere
proteſtation qu'ils font de leur entiere
innocence, au moins certes peut on bien
adiouſter quelque foy à la voix de leur
intereſt. En quelle ame tant ſoit peu ſen-
ſée peut tomber cette imagination, que
tant de Nobleſſe de la Religion, qui tient
toute ſa grandeur de la Monarchie, &
qui ne reſplendit ſinon des rayons de la
royauté, euſt voulu abandonner les eſperances de la Cour, & ſes terres & ſes
Maiſons, en tant de Prouinces ou elle
eſt diſperſée, pour s'en aller dépendre
du caprice d'vn peuple ſeditieux & tur-
bulent, comme dedans les Republiques
ils le font ordinairement ? Car qui ne
ſçait que les peuples qui penſent eſtre
les maiſtres de leurs loix & de leur conduite, paſſent incontinent de la liberté à
la licence, & de la licence à l'oppreſſion
de tout ce qui paroiſt auoir quelque qua-

lité eminente, & quelque charactere de
grandeur ? Quelle apparence que ceux
d'entre nous qui sont en quelque degré
dans les Parlemens , & dans les places
de Iudicature, comme il y en auoit assés
bon nombre alors , prissent plaisir à laisser leurs Offices & leurs dignités, & à
abandonner leurs biens à la confiscation,
pour s'en aller estre simples Bourgeois
d'vne Republique populaire? Car qui ne
sçait encor que non seulement tout y est
reduit à l'egalité , mais que les anciens
& originaires habitans y pretendent
toûjours auoir quelque droit d'estre priuilegiés dans le gouuernement & dans
les charges ? En fin generalement parlant nous tient on capables de cette fureur , que pour le contentement que
nous aurions de voir vne ville de nostre
profession formée en republique à cent
lieuës de nous, nous nous priuassions de
la protection des Edicts du Roy, sous
laquelle seule nous viuons, & nous exposassions à son indignation , à la haine
de ses officiers, & à la rage des peuples ?
Car de nous proposer de nous y retirer
quant à nous, pour ioüir de cette imaginaire liberté, les heritages que plusieurs
de nous possedent en diuers endroits,

nos affaires qui nous tiennent attachés
en vne infinité de contrées, & les inclinations que chacun a pour l’habitation
de son pays , ne nous en empeschaffent
elles point , quelle ville, de celles qu’on
peut auoir soupçonnées de vouloir se
souftraire à la royauté, feroit capable de
contenir la centiefme partie de ce que
nous sommes, par deffus ses naturels habitans, qu’on ne s’y étouffaft les vns les
autres ? Ou eft ce que cinq ou six cens
Miniftres y trouueroient leurs emplois,
& tant de milliers de marchands, d’arti-
fans,& de payfans, leur trafic, & l’exercice de leurs arts, & leur labourage? Ou lo-
geroit-on tant de vieillards, tant de femmes & tant d’enfans,& dequoy pourroit
on fournir à leur nourriture? Quant à ce
que quelques vns ont mis en auant l’e-
xemple des Prouinces du Pays bas , ce
n’eft pas bien prendre les chofes. Nous
ne pretendons nullement enuers noftre
Souuerain les droits que ces peuples ont
penfé auoir à l’endroit des Ducs de Bra-
bant. & des Contes de Holande, que la
France,& tout le refte des Puiffances de
l’Europe , qui ne dependent point de
l’Efpagne, a affés ouuertement ratifiés,
par l’affiftáce qu’on a donnée à leur fou-

leuement & a leurs armes. La proximité
des villes ne nous pouuoit pas donner la
commodité de nous ioindre, comme elle
a fait aux Holandois. La nature du pays
n'euſt pas permis que nous euſſions peu
ſouſtenir la puiſſance d'vn Roy de France, comme ils ont fait celle d'Eſpagne,
eſloignez qu'ils eſtoient du ſiege de ſon
Empire, & retranchés ſi auantageuſe-
ment entre leurs mers & leurs canaux.
Enfin, ni la terre, ni la mer, ne nous euſt
peu permettre d'entretenir pour noſtre
conſeruation, les correſpondances qu'ils
ont euës. Si donc il y en a eu quelques
vns d'entre nous qui ayent pris les armes
pour la defence des villes que le feu Roy
de glorieuſe memoire a voulu tirer d'entre nos mains, & ſi ceux qui ſont demeu-
rés en leurs maiſons ont eu quelques ta-
cites inclinatiós à deſirer des ſuccés contraires à ceux que nous auons veus, il ne
le faut imputer qu'a la crainte que la
pluſpart de nous ont euë, que ſi les euenemens eſtoient contraires à leurs ſou-
haits, on ne leur oſtaſt ce qu'ils eſtiment
plus que la vie, & qu'ils ne fuſſent contraints d'aller chercher la liberté de prier
Dieu ſelon leur Religion chés les Eſtran-
gers. Ie ſçay qu'il s'en eſt trouué qui ont

eu quelque peur de ces épouuentables
executions qui ont fait defirer à nos peres des villes de feureté. Mais bien que
la crainte foit vne paffion fort innocente,
& que l'impreffion que fait vne Saint-
Barthelemy foit fi profonde qu'il faut
plus d'vn fiecle pour l'effacer, fi deuoient
ils auoir beaucoup meilleure opinion de
nos temps , & ne croire pas que noftre
nation peut commettre deux fois des
barbaries fi contreuenantes à fon genie.
Quant à cette autre apprehenfion, d'e-
ftre contraints de vuider le Royaume fi
on vouloit auoir la liberté de l'exercice
de fa Religion, ie laiffe à iuger à ceux qui
font plus prudens & plus entendus aux
chofes du monde, s'il y auoit de l'apparence que nous nous en deuffions laiffer
preuenir. Certes ce que nous en crai-
gnions, nos ennemis l'efperoient, & c'e-
ftoit la voix commune du peuple. Ce qui
eft vne preuue bien manifefte que noftre
crainte n'eftoit pas tout a fait fans fondement, & qu'encore que ce ne fuft nullemét le deffein du Roy, les chofes pourtant, à les confiderer en elles mefmes, en
prefentoient les apparences. Or fi vne
telle crainte, bien ou mal fondée, peut
fournir quelque excufe à de femblables

mouuemens , ie m'en raporte à l'equité
de ceux qui fçauent combien la confcience, la Religion, la liberté, le bien, la vie,
la douceur de la patrie & les autres chofes femblables , font capables de caufer
de viues & de violentes émotions en l'e-
fprit humain Car pour fi profonde ment
qu'on ait imbu les fentimens de la pieté,
fi eft ce qu'en telles occafions il eft ex-
trèmement malaifé de ne fe point emporter aux inclinations de la Nature.
Mais en tout cas, & quelque iugement
qu'on faffe de cette action , car encore
n'eft ce nullement mon deffein que de la
defendre, aucun de ceux de la Religion
n'a eu de plus mauuaifes intentions que
celle là , fi vous en exceptés, comme i'ay
dit, ou l'ambition de quelques Grands,
ou, comme quelques vns ont eftimé, la
folie d'vne feule ville. Encore croy ie
certes qu'il n'en faut excepter ni Ville ni
Grand, & que tous vniuerfellement ont
efté preoccupés de la mefme crainte. Af-
furément aucun ne fe fuft iamais laiffé aller à ce qu'on a tant de fois depuis appellé le ce nom de rebellion, fi on euft peu
auoir affés de foy pour croire , comme
nous le voyons , que la Prouidence de
Dieu, & la clemence de nos Roys, euffent

deu eftre des digues affés puiffantes pour
arrefter les torrens de maux qui fem-
bloient menacer toutes nos Eglifes. Car
n'ayant point ni de preuue certaine, ni
de raifon feulement apparemment con-
cluante, que qui que ce foit ait eu de fi
mauuais & de fi pernicieux deffeins, ce
n'eft ni iuftice ni charité de deferer aux
mauuais foupçons, ou aux ouuertes accufations de perfonnes notoirement animées. Ie voy, comme i'ay defia dit, que
quelques vns prennent occafion de ce
qui fe paffe en Angleterre, pour dècrier
generalement noftre profeffion, comme
fi d'elle mefme elle nous donnoit quelque mauuaife volonté contre les Monarques. Et bien que la Nature ait feparé
l'Angletetre d'auec la France d'vne mer,
& que la langue & les inclinations nous
efloignent encore plus des Anglois & de
leur communication, que ne fait l'Ocean
mefme, fi eft-ce que pource que nous
fommes de mefme Religion, il y a des
gens fi peu equitables, qu'ils ne laiffent
pas de s'imaginer que nous auons quelque fecrette intelligence de defir & de
fentiment auec les Parlementaires. Il feroit peut eftre à defirer que les hommes
de condition priuée s'attachaffent telle-

ment aux choses de leur vocation, qu'ils
n'eussent pas le loisir de s'enquerir du
gouvernement des Estats, ni des nouuelles des affaires estrangeres. Mais puis
qu'on ne sçauroit l'empescher, & que
mesmes du consentement de l'ordre public, on informe vniuersellement tout le
monde des plus importantes affaires de
l'Europe, au moins en ce qui est des plus
notables euenemens, il n'y a pas moyen
de faire que les speculatifs ne raisonnent
sur les occurrences du temps, ni mesmes
qu'ils ne s'y interessent en quelque façon, chacun selon la passion qui le gouuerne. Car il est naturel aux hommes en
toutes sortes de contentions de se deter-
miner de quelque costé, & mesmes dedans le ieu, où les spectateurs n'ont point
de part, la moindre chose au monde est
capable d'encliner leurs affections, & de
leur faire souhaitter sans interest l'auantage à l'vne des parties plustost qu'à l'autre. Ou donc soit la Religion soit l'Estat
engage leurs inclinations, il n'est pas de
merueille s'ils y portent aussi leurs vœux,
& si dans la conuersation ils en donnent
quelque témoignage. En cette guerre
d'entre les Venitiens & le Turc, Cathol.
Romains & Reformés ont tous vn mes-

me sentir, pource que leur interest est
commun contre l'ennemy du Christianisme. Mais si la prosperité des Mécieans
apportoit quelque notable affoiblisse-
ment au parti Reformé, ie ne doute nullement que les Catholiques zelés n'en
receussent du contentement : comme il
s'en pourroit trouuer quelques vns entre
les Protestans qui ne seroient pas fort
marris de leurs progrés, s'ils estoiét cause
de quelque notable dechet à la puissance
de Rome. Ce n'est pas que ni les vns ni
les autres aiment le Turc ; mais c'est que
quelquesfois la passion maistrise les hommes tellement, qu'ils pensent gaigner ce
que leurs aduersaires perdent. A n'en
point mentir c'est vne puissante inclination que le zele de religion, & qui porte
souuent les hommes à des choses bien
estranges. Vniuersellement tous ceux
de nostre profession en ce Royaume sou-
haittent ardemment toute sorte de prosperité aux armes de sa Majesté, & auancent tant qu'ils peuuent de leurs vœux,
ses victoires & ses conquestes. La Nature
les y oblige, & le sentiment de bons François ; & pource que si ses progrés n'auancent point leur Religion, au moins n'en
reçoit elle aucune diminution, il ne faut

nullement craindre que cet interest di-
uertisse leurs affections, ni qu'il leur
donne d'autres pensées. Mais entre les
Catholiques Romains la constitution
des esprits n'est pas si absolument vniforme. Il y en a plusieurs qui sçachant
bien que nos Rois ne sont pas moins affectionnés à la Religion Romaine que
leurs ennemis, ont dans les affaires du
temps mesme passion que nous, & qui
pour cette raison se portent aux occasions auec mesme courage. Quelques
autres soupçonnent & craignent aucunement qu'enfin de cette ligue que la
France a faite auec diuers Potentats Protestans, & de l'abbaissemét de la puissance d'Espagne, la Religion Romaine ne
reçoiue quelque detriment. Neantmoins
pource que l'affection au seruice de leur
Prince preuaut en eux, & que la crainte
d'vn mal incertain & à venir, ne le doit
pas emporter sur la consideration d'vn
deuoir certain & present, ils ne laissent
pas de seruir le Roy courageusement &
fidelement, en remettant les euemens
futurs à la diuine Prouidence. De mesme
que d'entre les nostres il s'en est trouué
quelques vns qui ont serui le feu Roy
contre la Rochelle & Montauban, pour-

ce que

pource que leur vocation les y appelloit,
& qu'ils croyoient que c'eſtoit à Dieu,&
non à eux, à prendre le ſoin de la conſeruation de ſes Egliſes. Mais il y en a quelques autres, & nous en voyons tous les
iours, qui ne ſe peuuent empeſcher de
témoigner qu'ils ont du regret & de la
douleur de la proſperité des armes du
Roy, pource qu'ils s'imaginent que la
Religion Romaine,& les intereſts de l'E-
ſpagne ont vne ſi étroite cónexion, qu'ils
ſont entierement inſeparables. Ils dimi-
nuent autant qu'ils peuuét nos bons ſuccés, & enflent au contraire ceux de l'E-
ſpagne. Ils recueillent auec auidité les
mauuais bruits qui ſe ſement contre l'E-
ſtat, & répandent auec contentement les
nouuelles des diſgraces qui nous arri-
uent. Ils cenſurent à toute rencontre le
Gouuernement preſent, & ſi quelqu'vn
de nos deſſeins ne reüſſit pas,ils en triom-
phent. Si le Cardinal d'Oſſat liu. 3. lett.
87. a bien dit du Pape Clement huictié-
me, *Qu'encore qu'il n'euſt aucune mauuai-*
ſe affection enuers le Roy, ni aucun amour
vers le Roy d'Eſpagne, & que d'ailleurs il
euſt l'ame bonne,neantmoins la haine qu'il
portoit à la Reyne Elizabet & aux autres
heretiques d'Angleterre, le tranſportoit ſi

H

auant, qu'il se laissoit échapper de la bouche
des maximes pernicieuses & indignes de
tout homme de bien; ceux là ne doiuent pas
trouuer mauuais que ie die qu'ils sont indignes qu'on les tienne pour bons François, puis que leurs imaginations, & ce
zele sans science qu'ils ont pour leur religion, éteignent en eux celuy qu'ils doiuent auoir pour la gloire de leur pays, &
pour la grandeur de leur Prince. Et tou-
tesfois non seulement on ne les chastie
pas, non seulement cette passion ne leur
nuist point dans leurs affaires particulieres s'ils ont quelque chose ou à faire ou
à obtenir qui depende de l'authorité des
Magistrats, mais il y en a qui les en aiment d'autant mieux, & qui les en écoutent d'autant plus volontiers, qu'à leur
aduis estre bon François est vne moindre
qualité que d'estre zelé Catholique. Puis
donc que iusques icy nostre Roy n'a
point declaré qu'il prist aucune part aux
affaires d'Angleterre, & qu'il laisse cette
querelle de ses voisins à démesler entro
ceux qui y ont interest, quel grand crime
y auroit il quand quelques vns d'entre
nous fauoriseroient de leurs sentimens
interieurs l'vn de ces partis plûtost que
l'autre ? Car qui peut ignorer que s'il y

en a quelques vns qui le font , c’eſt le
zele de leur religon , & non les conſiderations de l’Eſtat , ou la forme du gouuernement qui les y inuite ? Si le bruit
qui s’eſt épandu par tout , que le Roy de
la Grand’Bretagne a eu deſſein d’y changer la religion , eſt faux , il n’y en a pas
vn d’entre nous qui ſe ſoucie des priuileges du Parlement , ni qui ne viſt fort
volontiers ce Prince en toute ſplendeur
& en toute autorité deſſus ſon trône. S’il
eſt vray qu’il ait eu cette intention ; comme nous auons autrefois blaſmé la Ligue
de ce qu’elle s’eſt ſouleuée contre le Roy
Henry troiſiéme , & la Sorbonne , de ce
qu’elle declara que ſes ſuiets eſtoient
quittes du ſerment de fidelité , il eſt de la
iuſtice & de la raiſon que nous blâmions
pareillement les Anglois , qui ſe ſont
ſouleués contre leur Souuerain , ſi le
droit de la Royauté eſt en Angleterre
tel qu’il eſt en France. Mais c’eſt ce que
les Anglois ne diſent pas , & dequoy
quant à nous nous ne iugeons pas , &
nous contentons d’auoir en toutes ces
choſes les mouuemens & les inclinations
que noſtre religion nous ordonne. Car
voicy la regle generale qu’elle nous preſ-
crit en ces matieres. C’eſt que d’vn coſté

la Religion Chreſtienne n’eſtant pas deſtinée à donner la forme aux gouuernemens des Empires, mais eſtant obligée
de les laiſſer chacun en la conſtitution
en laquelle elle les rencontre quand elle
ſe plante au milieu d’eux, il eſt du deuoir
des Chreſtiens de rendre en toutes les
choſes qui regardent la vie ciuile, vne
plêne & entiere obeiſſance aux loix & à
la forme de l’Eſtat ou la prouidence de
Dieu les fait habiter. Et ſi le Souuerain
Magiſtrat, qui a la puiſſance abſoluë entre les mains, entreprend quelque choſe
au fait de la Religion, qui choque l’honneur de Ieſus Chriſt & l’eſperance du ſalut, i’ay deſia dit qu’il conuient incomparablement mieux aux Chreſtiens, d’imiter les Apoſtres de noſtre Seigneur, &
ceux qui les ont ſuiuis immediatement,
qui à la verité nous ont appris qu’il n’eſt
pas iuſte & raiſonnable d’obeïr aux hommes pluſtoſt qu’à Dieu, mais qui ne nous
ont pourtãt point laiſſé d’exemple d’autre reſiſtance aux violences qu’on leur
faiſoit, ſinon celuy d’vne inſurmontable
patience. D’autre coſté cette meſme Religion n’oſtant point aux peuples libres
l’vſage de leur liberté, ni a ceux dont la
ſujetion eſt temperée de quelques droits

& de quelques priuileges , la iuſtice de
leur defenſe ſi on les veut aſſeruir abſolument , il eſt encore du deuoir des meſmes Chreſtiens de ne iuger point teme-
rairement des entrepriſes & des actions
de leurs voiſins , principalement quand
on ne ſçait pas bien les loix ſur leſquelles
leur Eſtat ou leur republique eſt fondée.
Car il n'y a pas ſeulement au monde des
Monarchies, des Ariſtocraties, & des De-
mocraties toutes pures , mais auſſi des
gouuernemens meſlés. Il y en a qui ſont
compoſés en partie de Monarchie & en
partie des deux autres, comme celle de
Sparte autrefois. Il y en a d'autres qui ſót
meſlés en partie d'Ariſtocratie, & en partie de Democratie, comme Rome l'a eſté
long temps. Il y en a d'autres ou la Monarchie & l'Ariſtocratie ſont ioiutes enſemble, comme en Pologne maintenant.
Les Monarchies toutes pures ne le ſont
pas d'vne meſme façon pourtant. Car
autre eſt celle de ce Royaume , & autre
celle du Turc , & peut eſtre encor autre
celle de l'Eſpagne. Et enfin il y a vne ſi
grande varieté en la conſtitution des Eſtats, qu'à péne s'en trouuera t'il deux qui
ſoyent entierement ſemblables. Ii n'y a
donc rien qui empeſche que chacun en

H 3

obeïſſant en côſcience à la puiſſance Souueraine, telle qu'il la trouue eſtablie dedans ſon pays, n'ait quelque liberté de
iugement & d'inclinations ſur les occurrences des pays étrangers, ſelon la connoiſſance qu'il en peut auoir , & ſelon
qu'il s'imagine y auoir quelque eſpece
d'intereſt par la conſcience. Partant ſi
telle eſt de tout temps la forme du gouuernement de l'Angleterre, que l'autorité Royale y ſoit aucunement limitée &
moderée par celle d'vn Parlement , vn
bon François qui demeurera religieuſe-
ment & inuiolablement en cette penſée,
de reſpecter la Monarchie, telle qu'elle
eſt en ce Royaume, c'eſt à dire, abſoluë &
ſans limitation , ne laiſſera pas de iuger
qu'il eſt iuſte & raiſonnable qu'en Angleterre elle ſoit bornée par les anciennes loix de l'Eſtat , & que le Parlement
fait bien d'y vouloir ramener le Roy, s'il
a veritablement trop entrepris ſur les
droits & libertés de ſon peuple. Car les
plus grands & les plus abſolus Monarques meſmes ont fait gloire de maintenir la liberté des Republiques populaires, & de chaſtier les tyrans qui les ont
voulu aſſeruir iniuſtement ; & comme il
leur conuient tres-bien d'eſtre extreme-

ment ialoux de leur autorité , pource
qu'elle vient de Dieu, aussi est il souuerainement digne de leur iustice & de
leur grãdeur, de ne permettre pas qu'aucun estende la sienne plus loin que Dieu
ne la luy a donnée. Et c'est ce qui a fait
que nos Rois qui pource qu'ils sont absolument souuerains en leur Royaume,
n'ont pas voulu souffrir qu'il y eust aucune puissance qui arrestast tant soit peu la
leur , ont neantmoins soustenu l'vnion
des Prouinces des Pays-bas contre l'Es-
pagnol, pource qu'ils ont creu qu'il y a-
uoit rendu sa domination plus independante & plus rigoureuse que ne souf-
froient les loix du pays , & les droits que
les anciens Seigneurs des lieux y auoient
laissés à leurs peuples. C'est pour la mesme raison qu'ils ont diuerses fois entrepris la defense des priuileges les villes
Imperiales contre l'ambition des Empereurs : c'est pour cela qu'ils ont pris Ge-
neue en leur protection contre les pre-
tensions du Duc de Sauoye : c'est pour-
cela que de fraische datte ils ont tendu la
main aux Catalans, dont le Roy d'Espagne opprimoit les Coustumes & les libertés : & pource qu'ils ne font rien en
ces occasions, sinon selon la iustice & le

droit, ils ne craignent pas que leurs sujets tirent quelque humeur de rebellion
de la contagion de ces exemples. Partant
tandis que les affaires de la France n'ont
rien de commun auec celles d'Angleterre, il demeure en la liberté des sujets du
Roy de fauoriser de leurs inclinations
l'vn ou l'autre des deux partis, chacun
selon que la religion dont il fait profession, ou la connoissance qu'il a de la
nature du gouuernement de cette Isle,
determine ses affections. Si le Roy s'e-
stoit declaré pour l'vn ou pour l'autre
des contendans, d'autant qu'il n'est pas
de la vocation des sujets de s'enquerir
des volontés de leurs Souuerains, &
qu'ils doiuent tenir pour bien & legitimement fait, ce qu'ils font dans leurs
Conseils auec connoissance de cause, en
remettant à Dieu le soin de la conseruation de la Religion, il seroit du deuoir
de tous les bons François de porter leurs
affections ou leur Prince porteroit ses
armes. Car comme nous ne pouuons
souffrir que le zele de la Religion Catholique Romaine en aueugle tellement
quelques vns, qu'ils ne voyent les pros-
perités de la France qu'à contre cœur,
pource qu'ils s'imaginent qu'elles sont

enfin pour cauſer du dommage à Rome:
ainſi ne pouuons nous approuuer que le
zele de la Religion Reformée ſoit ſi puiſſant en l'eſprit de ceux qui en font profeſſion, que de les rendre mécontens
des bons ſuccés des armes de ſa Majeſté,
quánd il les employe où le bien de ſon
Eſtat, la iuſtice de la cauſe de ſes voiſins, & l'intereſt de ſes all.és l'appelle.

SECTION III.

Que ſi on conſidere ceux de la Religion en
qualité de Chreſtiens, ils ne meritent
l'auerſion de qui que ce ſoit. Et premie-
rement à l'égard des creances qu'on leur
impute contre verité.

REST E le troiſiéme égard
auquel on nous peut conſiderer, c'eſt à ſçauoir, entant que nous ſómes Chre-
ſtiens. Et cette matiere nous
doit tenir vn peu plus lóg-temps que les
precedentes, pource que les accuſations
qu'on y fait contre nous ſont en plus
grand nombre, & qu'au fonds c'eſt tout
le fondement de l'auerſion qu'on a pour

nous. Car le reste que i'ay cy-dessus exa-
miné, quelque apparence dont on tâche
de le reuestir, n'a du tout point de realité, non pas mesmes au iugement de nos
plus grans ennemis, s'ils vouloient dire
franchemét ce qu'ils en pensent en conscience. Il nous faut donc voir ce qu'on
nous accuse de croire, & que nous ne
croyons pas pourtant : ce qu'on voudroit que nous creussions, mais que nous
ne pouuons nous persuader, & à cause
dequoy on nous veut du mal : & enfin,
ce que nous croyons effectiuement, &
surquoy la pratique de nostre pieté est
fondée, pour sçauoir si, comme on le
pretend, nous meritons à cette occasion la haine de Dieu & des hommes.

Pour ce qui est de ce qu'on nous accuse de croire, & que nous ne croyons
nullement, ie n'en produiray que peu
d'exemples seulement, dont le premier
sera cette vieille accusation, que nous
sommes ennemis des bonnes œuures,
sous ombre que nous ne croyons pas
qu'elles meritent deuant Dieu, ni que
ce soit par elles que nous obtenons nostre iustification en son iugement. Certainement ce que i'ay dit cy-dessus de la
façon de laquelle nous viuons, & par-

ticulierement de celle de laquelle on
nous exhorte continuellement à bien
viure, nous abfout afsés de cette impu-
tation. Car comment fommes nous ennemis des bonnes œuures, fi nous exhor-
tons fans ceffe le monde à s'y eftudier, &
fi nous effayons d'en faire refplendir toute noftre vie ? Il eft vray que ce n'eft pas
en verttu de leur merite que nous efpe-
rons obtenir la ioüiffance du falut ; & eft
vray encor que quand nous nous difpofons à comparoiftre deuant le tribunal
de Dieu, ce n'eft nullement fur nos bonnes actions que nous fondons l'efperance d'eftre iuftifiès en fa prefence. Mais de
cela il ne s'enfuit pas pourtant que nous
ne faffions aucune eftime des bonnes actions. Nous auons accouftumé d'enfei-
gner que la pieté enuers Dieu & la charité que nous deuós auoir pour les hommes, font chofes fi excellentes en elles
mefmes, & fi conuenables à la dignité de
noftre nature, que quãd Dieu ne les nous
auroit point plus expreffémét comman-
dées que par ce que la Nature nous en
apprend, & quand il n'y auroit attaché ni
aucune promeffe de recompenfe, ni aucune menace de punition, fi eft ce que
nous deurions nous y adonner auec vne

affection tres sincere & tres ardente.
Quand donc nous aurions cette opinion
que la pieté & la vertu n'auroient point
de certaine relation au Royaume des
Cieux, & qu'elles ne porteroient auec elles aucune considerable vtilité pour nous
y faire paruenir, nous en ferions pourtant plus de cas ainsi, que ne font ceux
qui ne les considerent sinon entant qu'ils
esperent qu'elles leur produiront quelque fruit de remuneration. Pource que
chacun peut sçauoir par sa propre experience, que les choses ausquelles nous ne
nous portons sinon entant qu'elles font
propres pour nous obtenir vne certaine
fin, font en nostre opinion moins à priser
que la fin mesme. Ceux donc qui n'estiment les bonnes œuures sinon pource
que Dieu les recompensera de la fidelité,
estiment sans doute la felicité plus qu'ils
ne font les bonnes œuures : au lieu que
quant à nous nous les aimons à cause de
leur propre dignité, & les trouuons plus
dignes de nos affections que n'est cette
felicité qu'on s'y propose pour salaire.
Car la felicité est ce qui nous fait heureux, & la pieté & la charité est ce qui
nous fait gens de bien. Or aimer mieux
estre heureux qu'homme de bien, est vne

marque

marque indubitable qu'on ne recon-
noiſt pas aſſés que c'eſt que d'eſtre homme de bien, ni combien ſe propoſer de le
deuenir, eſt vn objet qui merite vne conſtante & vehemente application de toutes les puiſſances de nos ames. De plus,
c'eſt à grand tort qu'on nous accuſe de
croire que les bónes œuures n'ont point
de relation au ſalut. Outre leur excellen-
lence naturelle, à cauſe de laquelle on les
doit ſouuerainement priſer, l'amour que
nous auons pour elles naiſt en grande
partie en nous de celle que nous portons
à noſtre propre felicité. Parce que nous
regardons noſtre ſalut, ou bien comme
vne choſe de laquelle le droit nous eſt
deſia acquis par la mort de noſtre Seigneur, ou comme vne choſe de laquelle,
bien que le droit nous en ſoit acquis,
nous ne ſommes pourtant point encore
venus en iouïſſance. Car autre choſe
ſans doute eſt le droit de poſſeder vn iour
quelque bien, & autre l'actuelle poſſeſ-
ſion du bien meſme. Quand donc nous
le conſiderons en cette premiere façon,
nous ſommes rauis en admiration de la
bonté de Dieu, & de la charité inenarrable de ſon Fils, en ce que le Pere le nous
a voulu donner, & en ce que le Fils s'eſt

volontairement donné à nous, & s'est a-
bandonné à la mort pour nous racheter,
& nous acquerir la vie eternelle. Or il
n'eſt pas poſſible que nous ſoyons rauis
en admiration de ce bienfait, ni que nous
l'eſtimions comme il faut, que le reſſenti-
ment que nous en auons ne rempliſſe
nos ames de dilection enuers Dieu , &
d'vne amour ardente & inuiolable enuers ſon Vnique. Comment donc pourrions nous les aimer à cette occaſion a-
uec tant d'ardeur, ſans diſpoſer toutes les
facultés de nos eſprits à rendre obeïſſance à leurs commandemens ? Y a t'il aucun
plus puiſſant attrait, ni aucun plus ferme
lien, pour nous attirer & pour nous attacher aux volontés de ceux à qui nous deuons obeïr , que celuy d'vne affection
violente ? Certes c'eſt là le mouuement
qui porte les Saints qui ſont au ciel, & qui
nous portera lors que nous y ſerons recueillis , à mener vne vie eternellement
ſainte & immaculée. Car nous n'y ſerons
pas gens de bien afin d'obtenir le Royaume des Cieux, pource que nous l'aurons
desia ; ni meſmes pour le nous conſeruer
à perpetuité , pource qu'il n'y aura plus
de peril de le perdre. Mais nous ſerons
gens de bien , par vn merueilleuſement

vif & permanent sentiment d'obligation,
pource que nous aurons obtenu cete incomparable felicité, par vn don qui ne se
pourra iamais reuoquer, & par vne tout
à fait incomprehensible misericorde. Or
ie ne pense pas qu'il y ait personne qui
doiue trouuer mauuais que nous soyons
excités à aimer Dieu par la gratitude que
nous auons de son amour en nostre endroit, & par les mesmes motifs qui y in-
duisent si puissamment les bien heureux
Saints de Paradis, à proportion de la
connoissance qu'eux & nous auons de la
charité qu'il nous a portée.

Quand nous regardons l'eternelle felicité comme vne chose dont nous ne
sommes pas encore en possession, le desir
que nous auons d'y paruenir nous fait
faire sur les bonnes œuures deux reflexions principales. L'vne est, qu'encore
que Dieu nous ait declaré par sa Parole
que c'est en la seule consideration de la
mort de son Fils qu'il nous promer le salut, & que nostre conscience nous témoigne qu'il a liuré son Fils à la mort pour
nous auant que nous fissions de bonnes
œuures, & qu'il nous eust peu considerer
comme en ayant fait, si est-ce que cette
mesme Parole, & ces mesmes mouue-

mens de noſtre conſcience nous appren-
nent, qu'il n'eſt pas raiſonnable qu'il execute cette promeſſe enuers ceux qui par
leur méconnoiſſance ſe rédront indignes
de ſon ſalut. Puis que ſi nous en iouïſ-
ſions deſia, & que nous vinſſions à le mé-
connoiſtre, il ſeroit iuſte qu'il le nous oſtaſt, il eſt iuſte pareillement qu'il ne le
nous donne pas, ſi nous nous monſtrons
ingrats à la faueur qu'il nous a faite de
nous en donner le droit par la grace de
ſes promeſſes. Cependant toute noſtre
reconnoiſſance giſt en amour & en reſpect , & les preuues indubitables de
l'amour & du reſpect , conſiſtent en l'o-
beiſſance aux commandemens de Dieu,
& en l'exercice des bonnes œuures. Ainſi
nous nous y appliquons, non pas comme
à des moyens par leſquels nous puiſſions
obtenir le droit de paruenir au ſalut : car
nous l'auons deſia en la mort de noſtre
Seigneur Ieſus , à laquelle Dieu nous a
donné de croire: mais comme a des choſes dõt le mépris nous en feroit déchoir,
& empeſcheroit l'execution des promeſſes que Dieu nous en a donnèes. Telles
ſont donc nos inclinations en cet égard
que doiuent eſtre celles des bons enfans,
& qui ne doiuent pas eſtre blaſmées en

nous, puis qu'en eux on les estime loüables. Ils ne sont pas enfans, pource qu'ils
sont honnestes gens, & dans l'obeissance
qu'ils rendent à leurs peres ils ne se proposent nullement pour but l'acquisition
du droit de leur heredité. Ils sont enfans
pource que leurs peres les ont engendrés, & ont le droit de venir quelque
iour à leur heredité d'autant qu'ils sont
leurs enfans, & que telle est la disposition
des loix, & l'institution de la nature. Si
donc quand ils deuiennent honnestes
gens puis apres, ils y font quelque consideration de l'esperance de l'heredité,
c'est afin seulement que leurs débauches,
& leurs mauuais comportemens ne portent pas l'indignation de leurs peres à
les priuer du droit de succeder à leurs
biens, lequel leur auoit esté acquis par la
naissance. Il est bien vray que nous ne
sommes pas enfans de Dieu de nostre nature, & ne le deuenons sinon par la grace
de l'Adoption. Mais comme les enfans
ont a leurs peres toute l'obligation de ce
qu'ils les ont engendrés, nous auons pareillement à Dieu toute l'obligation de
ce qu'il nous a adoptés. Et comme l'honneur qu'il luy a pleu de nous faire de
nous adopter en son Vnique, nous donne

le mefme droit à l'heritage celefte, que la
naiffance donne aux enfans pour l'heredité de leurs parens ; la grace de l'Efprit
qui accompagne cette adoption, engendre en nous les mefmes affections que la
nature produit dans les bons enfans, lors
qu'il s'agit de l'obeiffance & du refpect
qu'il faut qu'ils portent à leurs peres.
L'autre reflexion eft, que toutes les chofes que Dieu aime, il n'en aime aucune à
l'égal de la fainteté ; & toutes les autres
qu'il aime, il ne les aime finon autant
qu'elles en font participantes, ou qu'elles y peuuent feruir. Et la raifon en eft,
que de toutes les chofes aufquelles il a
mis quelque emprainte de fa Diuinité, il
n'y en a aucune autre qu'elle qui la reprefente à l'égard de ce qu'elle poffede
de plus venerable & de plus glorieux.
Toutes chofes, en ce qu'elles font, portent quelque reffemblace de fon exiften-
ce. Les vens & les tremblemens de terre,
& la puiffance des flots de la mer, ont
quelque ombre de fa vertu. La fermeté
des rochers, la durée des elemens, & l'in-
corruptibilité des cieux, femblent eftre
vn crayon obfcur de l'immutabilité de
fon effence. Dans la gloire & dans l'autorité des Monarques il a rendu vifible

en la terre quelque rayon de sa Majesté.
Mais quant à sa bonté, à sa iustice, à sa misericorde, & à la pureté inenarrable de
ses inclinations & de ses pensées, en quoy
consiste sans contredit la plus belle merueille de son estre, & le couronnement
de ses autres proprietés, il n'y a que la
saincteté de la creature intelligente & raisonnable en qui on en voye la resplen-
deur. A raison dequoy aussi il n'y a qu'elle proprement qui soit dite auoir esté faite à son image. Quant à nous, il nous a
aimés à la verité dés auant que nous fussions saints; mais ç'a esté pour nous rendre saints, qu'il á déployé dessus nous ses
admirables misericordes. Car il nous a
rachetés pour nous amener à la sanctification, & pour reparer en nous la ressemblance de ses vertus, dont le peché auoit
gasté tous les traits & tous les lineamens
en nos ames. Mais depuis qu'il nous a
sanctifiés, il nous aime à cette occasion,
& ne peut contempler en nous cette belle idée de sa Diuinité, qu'il ne nous affec-
tionne merueilleusement à cause d'elle.
Comme les bons peres aiment sans doute
leurs enfans auant qu'ils voyent paroistre
en eux aucune lumiere de vertu: mais
leurs affections se redoublent à mesure

qu'ils apperçoiuent qu'en croiſſant ils
ſe forment peu à peu par leur education,
& s'auancent de iour en iour en l'amour
des choſes loüables. Or eſt-ce l'inclination naturelle de l'amour que de bien
faire à ce que l'on aime ; & comme dans
les choſes peſantes à péne ſçauroit on
diſtinguer entre la peſanteur & la pro-
penſion au mouuement contrebas, l'a-
mour & l'inclination à vouloir & à faire
du bien, quand on en a le moyen, ou ne
font qu'vne meſme choſe abſolument,
ou ſi elles en font d'eux , elles ſont inſeparables. Deſorte qu'il ne ſe peut faire
que Dieu nous embraſſant de ſes affections à cauſe de l'image de ſa ſainteté
qui reluit en nous, il ne nous vueille faire du bien; & puis eſtant puiſſant comme
il eſt , il ne le veut point de la façon,
qu'indubitablement il ne le faſſe. Noſtre
ſainčteté donc , & les bonnes œuures
qui en dependent, ne nous acquierent
pas le droit de la iouïſſance de la felicité.
puis que Dieu le nous a donné gratuitement lors qu'il nous a adoptés pour eſtre
du nombre de ſes enfans. Mais elles attirent ſes affections, comme celles d'vn
bon pere, pour executer par inclination
d'amour enuers noſtre ſanctification, les

promeſſes qu'il nous auoit deſia faites
de pure gratification , & à l'accompliſſement deſquelles il eſtoit deſia porté
comme fidele & veritable. Ainſi plus
nous ſommes gens de bien , plus deuons nous eſtre perſuadés que Dieu
nous aime cordialement : & plus nous
ſommes aſſeurez que nous ſommes aimés de luy, plus auons nous de certitude de ſes fauorables inclinations à nous
donner la iouïſſance de ſon Royaume.
Comme au reciproque plus nous deſirons ardemment cette immortelle felicité , plus ſoigneuſement cherchons nous
les moyens de nous perſuader fermement que nous l'obtiendrons. Puis donc
que l'aſſeurance de la dilection de Dieu
enuers nous en eſt vn indubitable argument , & que noſtre ſanctification produit cette dilection à proportion de ce
qu'elle eſt grande, & lumineuſe, & qu'elle repreſente excellemment la ſainteté
laquelle eſt en Dieu, il n'y a perſonne qui
ne comprenne aiſément qu'autant que
nous auons de ſoin de noſtre ſalut , autant faut il neceſſairement que nous ſoyons embraſés de l'amour des bonnes œuures. Et neantmoins pour tout cela nous
ne croyons nullemét, ni que nous ſoions
iuſtifiés à cauſes d'elles deuant Dieu, ni

qu’elles foyent aucunement meritoires de fon Royaume ; & cela ne doit fembler eftrange à qui que ce foit, puis que noſtre confcience ne nous permet pas de nous perfuader l’vn, & que noftre modeſtie nous oblige a efloigner de nous toute opinion de l’autre. Ie dis premierement, que noftre confcience ne nous permet pas de nous figurer que nous puiſſions eftre iuftifiés deuant Dieu par le moyen de nos bonnes actions. Car eftre iuftifié deuant Dieu, c’eft eftre abfous en fon iugement. Or nous fçauons que fi Dieu nous examine tant foit peu rigoureufement par nos œuures il ne trouuera nullement le fujet de prononcer pour nous fentence d’abfolution. Pource qu’auant que nous fuſſions venus à fa connoiſſance, nous pechions continuellement contre luy : ce qui aggrauoit tournellement la malediction dans laquelle nous fommes naturellemét par la corruption originelle. Tellement qu’à l’egard de tout ce temps là nous ne pouuons pretendre autre iuftification qu’en la remiſſion de nos pechés. Depuis que nous le connoiſſons, quelques bonnes œuures que nous ayons faites, nous en auons tant fait de mauuaifes, & il y a

tant de defauts mesmes dans les bonnes
dont nous nous vantons, que si nous pre-
sumions d'estre iustifiés de cette façon,
nous nous trouuerions trop éloignés de
nos esperances. S'il y en a quelques vns
entre les Catholiques Romains qui aient
cette bonne opinion d'eux mesmes, qu'ils
n'ayent iamais commis de peché, & qu'ils
ne pechent du tout point encor, c'est à
eux à aduiser comment ils soustiendront
quelque iour vne proposition si hardie
deuant le trône de Dieu, & comment ils
la pourront accorder auec leur propre
Patenoftre. Pour nous, nous aymons
mieux nous confesser pecheurs deuant
noftre Seigneur, & auoir à sa misericorde toute l'obligation de noftre salut, que
de nous mettre en vn ineuitable peril de
remporter vne eternelle confusion de sa
presence. Et veritablement ie ne puis
que ie ne me plaigne icy du peu d'equité
de ceux qui nous haïssent à cause de cette creance. Noftre conscience nous rend
témoignage de noftre fidelité enuers nos
Rois ; & l'Ecriture & l'experience con-
uainquent vniuersellement tout le monde d'vne infinité de pechés commis contre
Dieu. S'il eft arriué à nos Peres & à
nous de faire quelque chose qui ait dé-

pleu à nos Souuerains , ce n'a point esté par faute d'affection à leurs personnes ni de respect à leur autorité, mais par des mouuemens qu'ils ont eux mesmes excusés ; au lieu que les pechés que tous les hommes cōmettent en si grand nombre, procedent de l'affection de la chair, *qui est inimitié contre Dieu*. Hors ces actions ausquelles ou la souffrance ou la crainte de la persecution nous a portés trois ou quatre fois seulemét, on ne sçauroit nous oster cette loüange que nous n'ayons rendu quelques bons seruices à l'Estat , & que nous n'ayons vescu conformement à ses loix : au lieu que tous les iours tous les hommes pechent contre Dieu, & transgressent ses commandemens en mille & mille rencontres. Et neantmoins par tout ou on parle de nous dans les écrits Politiques & dans les productions du temps, on n'entend rien autre chose que ces mots de *faction*, de *rebellion*, de *reuolte* ; au lieu que dans les liures de Theologie , où il est question de Dieu, on ne parle que de bonnes œuures & de satisfaction. Si nous nous estions vantés de pouuoir soustenir nos actions deuant le Conseil de nos Rois contre ceux qui les flestrissent de ces

titres

titres si odieux & de n'auoir besoin d'autre chose que de leur iustice pour en estre
iustifiés, on nous accuseroit de presomption & de quelque espece d'impuden-
ce, pour ne reconnoistre pas assés combien nous auons eu besoin de leur support : au lieu qu'en la controuerse de la
Iustification des hommes deuant Dieu,
ils ne parlent que de leurs propres iustices, & s'appuyent dessus elles pour com-
paroistre en son iugement. Bien que,
comme ie l'ay dit, nous soyons originaires du pays, & nés sujets de nostre Prince, nos ennemis disent pourtât que nous
ne subsistons en ce Royaume que de sa
grace seulement, pource que par nos fautes, qu'ils veulent estre si criminelles,
nous aurions merité d'en estre expul-
sés : & cependant, bien que les hommes
soyent naturellemét étrangers du royaume des cieux, & que tous les iours ils
commettent quelque chose qui les en
deuroit rendre indignes, on veut pourtant qu'il leur soit donné en vertu de
leurs iustices, & comme vne recompense
deuë à leurs bonnes actions. Certes ou
bien qu'ils ne nous fassent pas si crimi-
nels deuant nos Rois, ou bien qu'ils con-
fessent qu'ils ne le sont pas moins enuers

K

Dieu ; & s'ils veulent que nous reconnoiſſions que c'eſt de la pure bonté de nos Souuerains que nous ſubſiſtons en cét Eſtat auec la liberté dont nous y iouïſſons , qu'ils ne faſſent point auſſi de leur coſté difficulté de côfeſſer que s'ils iouïſſent quelque iour de la felicité du ciel, ce ſera de pure miſericorde. I'ay dit que noſtre modeſtie nous defend de croire que nos œuures puiſſent meriter le ſalut. En effet nous voyons que les peres ne peuuent ſouffrir que leurs enfans ſe glorifient en leur preſence qu'ils leur ſoyent redeuables de quoy que ce ſoit. Or nous ſommes enfans de Dieu, & nous luy auons ſans doute plus d'obligation que nous n'en pouuons auoir à ceux qui nous ont engendrès. Et nous voyons que les Princes ne peuuent non plus endurer que leurs ſujets appellent ce qu'ils font pour eux autrement que du nom de ſeruice auquel la naiſſance les oblige. Or nous ſommes beaucoup moins à l'égard de Dieu, que les ſujets ne ſont à l'egard des Princes. Et enfin, nous voyons que les Cardinaux meſmes, dont la dignité eſt ſi eminente , ſe reconnoiſſent tellement inferieurs à ceux de qui ils ſont nés ſujets, qu'ils ne croyent pas que leurs ſer

uices puissent iamais égaler leurs obligations, ni les en acquitter enuers eux, notamment quand à leur faueur & par leur
recommandation ils ont esté éleués à ce
degré si prochain de la Majesté Pontificale. Car de ceste modeste reconnoissan-
ce de l'insuffisance de leurs actions à reconnoistre ce bien fait , nous auons des
preuues tres-belles & tres-expresses dans
les Lettres des Cardinaux d'Ossat & du
Perron au Roy Henry le Grand de glo-
rieuse memoire. Or s'ils le disent en sincerité, nous auons beaucoup plus de sujet d'estre humbles en comparoissant deuant Dieu , qu'ils n'ont d'estre modestes
enuers les hommes. S'ils le disent seulement par compliment, quant à nous nous
estimons qu'on nous peut bien souffrir
parler ainsi à Dieu en verité , & nous sentir effectiuement autant & plus tenus à
sa bonté , qu'ils ont fait semblant de l'e-
stre à celle de leur Prince. Si, di-je, ils ont
pensé qu'ils pouuoyent bien témoigner
la gratitude de leurs esprits aux grands
Rois par des paroles excessiues , & qui
surpassent la mesure de leurs gratifica-
tions , nous croyons qu'on ne nous doit
point vouloir de mal si nous estimons
que la Majesté du Roy des Rois , de qui

tous les Rois mefmes & les Papes font
nés fujets, & la grandeur de fes bien faits
en noftre endroit, excedent beaucoup
tout ce que les hommes peuuent ou faire ou dire pour en reprefenter le reffen-
timent, & qu'elles font bien loin au delà
de toutes leurs ciuilités & de toutes leurs
hyperboles. En vn mot, on ne peut trouuer étrange que nous fuiuions cette belle maxime du Cardinal Bellarmin, qui
apres auoir long temps difputé de l'eftime des bónes actions, & du moyen d'obtenir la Iuftification, pofe pour chofe de-
cifiue, lib. 5. de Iuftif. cap. 7. *Qu'à caufe*
de l'incertitude de noftre propre iuftice, &
du peril de vaine gloire, dans lequel on
pourroit tomber, *c'eft le plus feur en toute*
maniere de mettre toute fa fiance en la feule
mifericorde & benignité de Dieu. Car qui
nous pourroit blafmer de nous tenir au
plus certain, & de ne vouloir rien hafar-
der en chofe de telle importance ?

Ce que ie viens de dire des bonnes œuures, & de l'eftime que nous en faifons,
pourroit fatisfaire à cette autre imputa-
tion, que nous croyons la Predeftination
de telle forte, que quelque chofe que
l'on faffe, foit que l'on croye en Iefus
Chrift, ou qu'on n'y croye pas, foit qu'on

fasse de bonnes œuures , ou bien qu'on
n'en fasse pas , on ne laissera pas d'estre
sauué , si on est predestiné pour cela , ou
de tomber en damnation, si par la reprobation on est destiné à la mort eternelle.
Car il y en a qui ne font point de difficulté de nous accuser d'enseigner ce dogme hautement , & c'est vn des moyens
qu'on employe dans les Predications
pour rendre nostre profession odieuse.
Certainement puis que nous croyons les
bonnes œuures absolument necessaires à
salut , de quelque façon que nous esti-
mions que nous sommes predestinès, nostre creance est que nostre predestination ne nous amenera pas à salut sans les
bonnes œuures. Neantmoins afin d'o-
ster tout scrupule de l'esprit de ceux qui
voudront s'en éclarcir, voyons s'il y peut
auoir rien de plus raisonnable que nostre
doctrine & nostre pratique en cette matiere. Quand on nous presche l'Euangile
pour nous offrir le salut en Iesus Christ,
on ne manque iamais de nous dire qu'il
n'y a pas moyen d'en estre effectiuement
participant sinon en croyant en ce Redempteur. Alors nous ne nous enque-
rons nullement si nous sommes prede-
stinés ou non, & ne nous mettons nulle-

ment en peine des secrets de Dieu, ni des
Arrests qu'il a donnés de toute eternité
pour le salut & pour la condamnation
des hommes. Nous nous disposons seulement à croire en celuy qui nous est offert pour Saueur, puisque quelle que
soit la Predestination de Dieu, il est impossible d'estre participant du salut dont
il est auteur, sinon en l'embrassant par
vne foy viue & profonde. On ne peut
dóc pas dire que nous ayons cette creance que soit qu'on croye soit qu'on ne
croye pas, on sera sauué pouruou qu'on
y soit predestiné, puis que nous tenons
qu'absolument il n'y a point de salut en
Iesus Christ sinon pour ceux qui croient.
Apres cela, lors qu'on nous presche qu'il
faut croire, on ne manque iamais de
nous expliquer nettement qu'elle doit
estre cette foy, & de nous dire qu'il est
necessaire qu'elle soit accompagnée d'v-
ne serieuse repentance. Car faire seulement profession exterieure du Christianisme, n'est pas croire, selon nous : non
pas mesmes auoir en l'entendemét quelque legere teinture de la verité de ses dogmes. Croire en nostre Theologie, est
estre si viuement & si profondement per-
suadé des verités de l'Euangile de Iesus

Chrift, que cette perfuafion maiftrife
toutes les autres, & qu'elle faffe telle
impreffion dedans les volontés & les affections, qu'elle les détourne de leurs
mauuaifes inclinations, & qu'elle les regenere Alors nous ne penfons point encore à la Predeftination, & ne nous en-
querons nullement de ce que Dieu peut
auoir ordonné de toute eternité pour
nous, ni pour le refte des autres hómes.
Nous examinons feulement nos confciences pour fçauoir fi nous croyons de
la façon, & nous difpofons à ne nous y
abufer pas, de peur qu'au lieu de la verité & de la folidité de la foy, nous n'en
ayons embraffé que l'ombre. Partant
quelle que foit ou la Predeftination ou
la Reprobation, nous croyons que la foy
non feulement eft neceffaire à falut, mais
vne foy qui fe characterife nettement, &
qui fe diftingue de la vaine imagination
de la foy, par vne fincere & ardente affection aux bonnes œuures. De plus, lors
qu'on nous prefche qu'il faut croire de la
façon, on ne manque iamais d'y adjoûter qu'il faut perfeuerer en cette foy, &
dans les bonnes œuures qui la marquent
& qui l'accompagnent. Pource que le
falut n'eft pas promis à ceux qui croiront

simplement, mais qui perseuereront en
la foy & en la sanctification , & qui demeureront victorieux iusques à la fin, de
toutes les tentations qui les attaquent.
Et alors encor nous n'estimons pas qu'il
soit necessaire de penser à la Predestination ; seulement réueillons nous nos entendemens à cet aduertissement, & autant que nous pouuons, nous nous exci-
tons nous mesmes à receuoir l'impression de l'Euangile bien auant, pour estre
capables de resister, en cas que quelque
tétation nous assaille. Ainsi nous croyons
encor que la perseuerance est necessaire,
quelle que soit la predestination, & quels
que puissent estre sur cette matiere les
sentimens des Docteurs de nostre communion , tant y a que rien n'est capable
d'arracher cette persuasion de nos consciences. Enfin, on ne nous exhorte point
à la perseuerance qu'on ne nous enseigne
quand & quand quels sont les moyens
de l'obtenir. Car quand à la foy, pource
qu'elle consiste en la connoissance & en
la persuasion des verités Euangeliques,
on nous dit que le moyen de la conseruer est de lire , & d'écouter , & de
mediter soigneusement la Parole de
Dieu , qui l'a premierement engendrée.

Quāt à la sanctification, d'autant qu'elle
consiste en la haine du vice & en l'amour
de la vertu , & que ces auersions & ces
affections se conseruent par l'attentiue
consideration de la nature de leurs objets , par l'accoustumance de faire les
choses bonnes & de s'abstenir des mauuaises , par l'imitation des bons exemples , pour euiter les vitieuses conuer-
sations, par la crainte de la péne qui suit
le peché , par l'esperance de la remuneration que Dieu a misericordieusemét
promise aux bonnes œuures, & sur tout
par la contemplation de la croix de
Christ & de sa resurrection , dont l'vne
nous fournit de modele de la mortifica-
tion de nos affections, & l'autre le patró
& le motif de ressusciter en nouuelle
vie , on nous met continuellement toutes ces choses deuant les yeux , pour fomenter en nous la sainteté que nostre
conuersion à Christ y a commencée. A
quoy on ne manque iamais d'adjoûter
que la foy & la sanctification, venant de
Dieu c'est à luy qu'il se faut adresser pour
obtenir la grace par la vertu de laquelle
elles soient conseruées en nous , & de
nous exhorter à cette occasion de veiller
auec assiduité a la priere. Et afin de

nous y exiter d'autant plus viuement or
nous aduertit que nous auons afaire à
vne infinité d'ennemis, qui nous obligent à vne souueraine vigilance de nostre
part, & qui nous rendent vne particuliere assistance de la grace de Dieu necessaire. Le peché que nous portons naturellement en nos affections ; le monde qui
nous amorce par ses voluptés, ou qui
nous étonne par ses persecutions; le malin qui nous dresse mille pieges, & qui
nous attaque de mille tentations, nous
font perpetuellement ramenteus , afin
que nous nous teniós sur nos gardes. La
nous ne pensons point encore à la predestination, & qu'elle qu'elle soit, nous ta-
chons d'éueiller toutes les puissances de
nos esprits, & pour embrasser toutes les
occasions de nous auancer en la pieté &
en la vertu , & pour fuir toutes celles
qui sont capables de nous en détourner,
& pour demander à noftre Seigneur
qu'il nous donne le pouuoir faire. Pourquoy donc nous accuse t'on de croire
que la Predestination est si puissante en
ce qui est du salut & de la condamnation, que sans auoir égard ni a bien ni a
mal elle y fait tout toute seule ? Il est
bien vray certes premierement , que

nous sommes asseurés qu'en vertu de
cette predeſtination nous obtiendrons
indubitablement la vie eternelle. Mais
pour ce qui eſt de la creance de la Predeſtination, puis que c'eſt vn poinct de
la Foy, que S. Paul enſeigne tres ouuertement, où il faut renoncer au nom de
Chreſtien, où il faut auouër qu'il y en a
vne. A la verité la maniere de l'interpreter eſt differente entre les Catholiques Romains & les Reformés. Mais
cela ne doit pas eſtre trouué fort merueilleux, puis que les Catholiques ne
s'en accordent pas abſolument entr'eux
meſmes. Tant y a qu'il y a vne predeſtination de quelques vns à ſalut, & que
pour eſtre bon Chreſtien il le faut ainſi
croire. Or puis qu'il y en a vne, on ne
doit point trouuer mauuais que nous
nous eſtimions eſtre du nombre de ceux
qui ſont predeſtinés, puis que nous trouuons en nous les marques & les effets
par leſquels la Predeſtination ſe reuele.
Car puis que nous croyons en Ieſus
Chriſt, & que nous nous adonnons tant
que nous pouuons aux œuures de ſanctification, & que l'experience nous fait
voir que beaucoup d'autres n'y croyent
pas, & qu'ils ſe laiſſent emporter au pe-

ché à l'abandon, il faut neceſſairement ou
que cette difference vienne de nous, ou
que Dieu nous ait fait en cela quelque
grace, laquelle il n'a pas faite aux autres.
Or eſt ce là ou on commence à nous parler de la Predeſtination, lors qu'il eſt queſtion de ſçauoir d'où vient cette difference.   Car on nous enſeigne que de nature
nous ne ſommes pas meilleurs que les autres, & par conſequent, puis que nous
croyons & que tant d'autres ne croyent
pas, il faut que Dieu nous ait traittés ine-
galement. Et cette inegalité conſiſte en
ce que Dieu nous ayant preſenté exterieurement à tous vn commun Redempteur par la predication, & nous ayant
fait exhorter les vns & les autres à le receuoir auec foy & repentance, il s'eſt contenté de cette grace commune & exterieure enuers ceux là, au lieu qu'enuers
nous il en a déployé vne interieure & particuliere. D'où eſt venu qu'au lieu que les
autres ont par leur malice rejetté le Redempteur qui leur a eſté offert, nous l'a-
uons quant à nous receu par la grace que
Dieu nous a faite. Pour ce donc que Dieu
ne prend pas les conſeils de ce qu'il doit
faire de iour à iour, & que, comme dit
l'Ecriture, *De tout temps toutes ſes œuures*
luy

luy sont connuës, il faut necessairement que
de toute eternité il ait ordonné de mettre
cette distinction entre les autres & nous,
& c'est en cette eternelle ordonnance que
la Predestination consiste. Iusques là il
n'est pas possible que nostre creance
choque l'esprit de personne qui soit tant
soit peu raisonnable. Car quoy ? Trou-
uera-t'on mauuais que nous donnions à
Dieu toute la loüange de ce que nous
croyons, & de ce que nous nous repen-
tons de nos pechés, au lieu que les autres s'endurcissent en leur incredulité
& en leur impenitence? Certes ce seroit
estre trop presomptueux que de vouloir
rauir cette gloire à Dieu pour se l'attribuer à soy mesme. Ceux de l'Eglise
Romaine mesmes, sur cette presupposi-
tion qu'ils sont dans la voye de salut, &
que nous n'y sommes pas, rendent sans
doute grace à Dieu de ce qu'il les y a mis
plûtost que nous, & ainsi rendent tesmoignage à cette maxime de nostre profession, que c'est la misericorde de Dieu
qui met cette distinction entre les hommes. Ou bien se scandalisera t'on de ce
que nous disons que ce que Dieu execute
maintenant en nous, il l'a ordonné de
toute eternité ? Ce seroit aller contre la

Parole de Dieu & contre la raiſon, & rauir à Dieu la loüange de ſa preſcience.
Ou finalement eſtimera-t'on que cette
doctrine nous rende plus nonchalans en
ce qui eſt de noſtre ſalut ? Nullement.
Car puis que tandis qu'on nous exhorte
à la foy, à la repentance, à la ſanctification, ni nous ne penſons point à la predeſtination, ni on ne nous donne point
d'occaſion d'y penſer, elle ne peut trauer-
ſer l'efficace des exhortations qu'on nous
adreſſe. Quand nous venons à y penſer,
puis que nous ne connoiſſons noſtre predeſtination que par ſes effets, & que ſes
effets conſiſtent en foy & en ſanctification, à meſure que nous deſirons d'eſtre
du nombre des predeſtinés, à meſme meſure faut-il que nous tâchions d'auoir la
foy & la ſanctification, qui en ſont les
ſeules marques. En fin, quand nous les
auons trouuées en nous, & que par ce
moyen nous auons connu que nous ſommes predeſtinés, tant s'en faut que nous
en prenions occaſion de relâcher quelque choſe de l'ardeur que nous deuons
auoir à la pieté, qu'au contraire, plus la
grace de Dieu a eſté ſpeciale en noſtre endroit, plus nous en ſentons nous obligés
de luy en rendre nos reconnoiſſances.

Pour ce qui eſt de cette perſuaſion que
nous auons d'obtenir aſſeurément le ſa_
lut en vertu de cette Predeſtination, voicy commét on nous en inſtruit. On nous
dit que puis que les hommes ſont naturellement auſſi mauuais les vns que les
autres, ce que Dieu nous a fait vne grace
ſi particuliere, ne vient pas de quelque
merite qui fuſt en nous. Il faut que ce
ſoit de ſa pure & libre volonté, & d'vne
faueur ſpeciale qu'il nous a portée, ſans
que nous l'y ayons inuité, qu'il nous ait
ainſi gratifiés. Et le Cardinal Bellarmin
eſt entierement de ce ſentiment, & ne
veut pas que l'élection & la predeſtination de quelques vns ſoit fondée ſur aucune preuiſion ou preſcience de leurs
œuures. Ce qui nous donne occaſion de
raiſonner de cette façon. Puis que Dieu
n'a point eu d'autre motif que ſa pure volonté qui l'ait induit à nous auantager
plus que les autres en cét égard, il n'y
peut auoir de raiſon pourquoy il ne nous
cóſerue pas la foy, laquelle il nous a donnée. Pourquoy changeroit-il d'aduis en
vne choſe dont la reſolution n'a point
dependu d'ailleurs que de ſon bon plaiſir
ſeulement? De plus, la foy & la repentance ſont des qualités ſouuerainement bel-

les en elles mefmes, &capables à merueille d'attirer fes affections. Si donc il nous
a tant aimés que de les nous vouloir
communiquer du temps que nous ne les
auions pas, comment ne nous aimeroit il
point apres qu'il nous les a communiquées ? Et fi l'amour qu'il nous a porté
auant qu'il y euft rien en nous qui l'y in-
uitaft, l'a peu exciter à nous orner de fi
excellentes qualités, fon amour, qui s'eft
redoublé depuis qu'il les a veuës en
nous, ne le porteroit-il point à les confer-
uer apres les y auoir mifes ? En fin il ne
nous les a données qu'afin de nous conduire à falut. Car le falut eft la fin : la foy
eft le moyen par lequel il nous y amene.
Puis donc qu'il s'eft propofé cette fin là
premierement, & qu'il a eu fi fort à cœur
de nous y faire paruenir que de nous en
donner de tels & de fi certains moyens,
qui eft-ce qui peut interuenir qui l'empefche de fe propofer toufiours le mefme
but, & par confequent d'employer auffi
toufiours les moyens qui nous y condui-
fent ? Sur ces raifonnemens qui font ti-
rés de la Parole de Dieu, & que diuers
beaux paffages autorifent, nous fondons
cette efperance, qu'affeurément Dieu
nous fauuera, & qu'il ne fe prefentera au-

cun obſtacle à l'accompliſſement de ce
beau deſſein, qu'il ne ſurmonte. Or comme chàcun peut voir que ces raiſonne-
mens tournent à la gloire de la ſageſſe &
de la bonté de Dieu, & qu'ils cõuiennent
merueilleuſement bien à la fermeté inua-
riable de ſa nature & de ſes conſeils, auſſi
ne peut-on pas dire qu'ils nous rendent
negligens en ce qui eſt des choſes qui
ſont neceſſaires pour noſtre ſalut. Et ie
m'émerueille ou qu'on ſe le puiſſe imaginer, ou qu'on nous le puiſſe reprocher,
veu qu'en l'Egliſe Romaine on a des
creances à qui on pourroit imputer de
ſemblables conſequences. Le Pape croit
qu'il ne peut errer dans les matieres de la
f y. Ceux qui ſont des ſentimens de la
Sorbonne attribuent cette prerogatiue
au Concile. Soit au Concile, ſoit au Pape
qu'appartienne le priuilege de l'infallibilité, tant y a que tous ceux de cette communion tiennent conſtammeut qu'il a
eſté donné à l'Egliſe. Si cela eſt. c'eſt vne
certaine predeſtination de Dieu, par laquelle il a ordonné de preſeruer ſon Egliſe de toute erreur en la foy, & de l'illumi-
ner eternellement de la connoiſſance de
ſa verité. Quand donc il eſt queſtion de
vuider quelque controuerſe en la Reli-

gion , cette creance rend elle ou les Papes, ou les Conciles , moins diligens à
bien examiner la Parole de Dieu & la tradition des anciens, & à se bien garder de
la finesse de Satan,& de la sophisterie des
heretiques ? On y croit que l'Eglise est
imperissable, & que Dieu la garantira de
ses ennemis iusques à la fin. Cela vient
encore sans doute de quelque predestination de Dieu, qui a resolu de mener la
Nasselle, qu'ils appellent de S Pierre, à
bon port , & de la sauuer de tous naufra-
ges.Cette creance donc empesche t'elle
que ceux qui sont au gouuernail n'employent toutes sortes de moyens propres
pour sa conseruation, ou imprime-t'elle
en leur esprit vne si profonde securité,
qu'ils ne se mettent point en peine du salut de leur vaisseau,& qu'ils le laissent aller à l'abandon entre les bancs & contre
les rochers ? Comme dont ils ne considerent pas cette predestination de Dieu
à l'égard de l'infallibilité de l'Eglise,& de
son indefectibilité, comme on parle,ainsi
qu'vne occasion de securité & de negli-
gence en ce qui regarde l'employ des
moyens, mais seulement comme vn
accouragement à les employer & soigneusement & ioyeusement , auec vne

efperance indubitable d'vn auantageux
fuccés ; ainfi ne confiderons nous nullement cette predeftination en ce qui eft
de noftre falut, comme vn fujet de nous y
comporter nonchalamment , mais plu-
toft comme vn motif d'y trauailler auec
grand foin & grande confolation auffi,
fçachant qu'il en reüffira vn euenement
fauorable. Autre donc eft la predeftination par laquelle Dieu a refolu de produire luy mefme quelque euenement
fans l'entremife d'aucuns moyens, ou au
moins par l'entremife de certains moyés
fur lefquels il ne nous donne point de
commandemens : & autre la predeftination qu'il n'execute que par le moyen de
nos actions, dont il nous a luy mefme
donné les commandemens & les regles.
Là nous pouuons bien demeurer les bras
croifés , & attendre, pour exemple, que
l'eclipfe du Soleil, ou arriue, ou fe paffe,
fans y rien contribuer de noftre part. Car
ni noftre mouuement, ni noftre repos, ne
la hafteront, ni ne la retarderont pas d'v-
ne minute. Icy c'eft vne pure frenefie
que de negliger de faire ce qui nous y eft
commandé , & neantmoins en efperer
l'accompliffement, puis que cette forte
de predeftination ne s'accomplit point

finon par l'execution des commandemens que Dieu nous y donne. Partant
comme le mépris des moyens qui empefche l'euenement, eft vne preuue indubitable qu'il n'auoit point efté preordonné ; ainfi le legitime employ des moyens
eft vn certain argument de la predeftination de l'euenement mefme. Et comme
celuy qui fe croit predeftiné à viure, &
neantmoins ne veut par manger, eft à demy furieux; celuy qui mange, & qui boit,
& qui fait les fonctions d'vn homme viuant, s'il ne croit auoir efté predeftiné à
viure par ce moyen là, n'a pas la ceruelle
en bonne affiete.

Le troifiéme exéple fera pris de ce qu'on
nous impute de ne croire pas le Franc arbitre, & par ce moyen de dépoüiller l'hôme de fa nature, d'ofter à fes actions la
qualité de bonnes & de mauuaifes, & de
donner ainfi matiere d'accufer Dieu d'im-
pertinence quand il les remunere & d'in-
iuftice quand il les punit. Pource que ce
qui n'eft ni bon ni mauuais, ne peut eftre
vn fuiet capable de loüange ni de blafme
de fuplice ni de remuneration. Certainement fi nous enfeignions tout cela difer-
tement, ce feroit non feulement vn grand
erreur en la Religion, mais vne doctrine

perniciuſe à la vie ciuile. Car ce ſeroit autant que ſi nous oſtions la difference qui
eſt naturellement entre le vice & la vertu;
ce qui ſás doute apporteroit vne horrible
confuſion aux choſes du monde. Mais
iuſques icy aucun n'a eſté ſi peu ſoigneux
de la reputation de ſa pudeur, que d'oſer
nous en accuſer; ſeulement on dit que ce
que nous enſeignons en la matiere du
franc arbitre, tire neceſſairement ces
mauuaiſes doctrines en conſequence. Or
quand ainſi ſeroit, il ne ſeroit pourtát pas
raiſonnable de nous imputer les conſequences de nos dogmes, ſi nous ne les
reconnoiſſons & ne les aduouons pas.
Car il y a peu d'erreurs dont on ne puiſſe
tirer de fort dangereuſes concluſions, ſi
on veut vn peu ſubtilement raiſonner: &
il y a fort peu de gens qui ne tiennent
quelques vnes de ces erreurs dont vn ſub-
til raiſonnement peut déduire des concluſions pernicieuſes. De ſorte qu'il n'y
auroit quaſi homme au monde qui ne
deuſt & haïr ſon prochain & eſtre haï
reciproquement de luy, ſi nous voulions
ſuiure trop loin les conſequences des
opinions les vns des autres. Il ſuffit donc
que nous reiettions celles qu'on veut tirer de nos ſentimens, & que ce que nous

croyons en cette matiere, ne produiſe aucun mauuais effeƈt au preiudice de la religion, ni au dommage de la vie ciuile: Or
que noſtre creance ne produiſe rien de
tel, c'eſt choſe claire par l'experience. Car
elle ne peut gaſter la pieté ni les meurs
de ceux qui ont des opinions contraires
aux noſtres, puis qu'ils ont & les conſequences & les principes dont ils eſtiment
qu'elles naiſſent, en abomination & en
horreur. Et quand à nous, tant s'en faut
qu'elles ſoient pour corrompre nos inclinations, & pour éteindre en nos eſprits,
l'amour & l'eſtime de la vertu, que nous
les auons encor en plus grande horreur
que nos aduerſaires, que nous ſoûtenons
qu'elles ne decoulent nullemét de noſtre
doƈtrine, & que de ces meſmes principes
dont quelques vns eſſayent de déduire
ces damnables concluſions, nous faiſons
ſortir des enſeignemens tres efficacieux,
& des exhortations tres viues pour induire les hommes à la pieté. En effet,
quoy que l'on die de nos ſentimens en
cette matiere, tant y a qu'en nos aƈtions
nous ne pretendons pas eſtre comme des
troncs de bois, ou comme des pierres,
dont le mouuement naturel de haut en
bas, ne peut nullement eſtre conté entre

les choses moralement bonnes ou mauuaises. Nous auons des sens exterieurs,
par lesquels nous connoissons les obiets
qui se presentent deuant nous, & des appetits interieurs qui nous portent vers
ces objets, ou bien qui nous en retirent,
apres que nous les auons connus dignes
de nostre auersion ou de nostre agrée-
ment. Nous ne pretendons pas mesmes
agir à la façon des animaux destitués de
la raison, dont tous les mouuemens &
les appetits sont brutes, quoy qu'ils procedent de quelque connoissance des obiets exterieurs, autant que les sens & la
faculté de l'imagination leur en donne.
Pource que cette connoissance qui naist
des sens exterieurs & de l'imagination
seulement, ne peut pas atteindre iusques
au discernement des qualités & des cir-
constances qui font que les actions sont
morales, c'est à dire, bonnes ou mauuaises, & dignes de péne ou de remuneration. Nous auons tous par la grace de
Dieu la raison & l'intelligence, faculté
naturellement capable de iuger des relations qui donnent aux actions humaines
la qualité de vice ou de vertu. Et comme ainsi soit que c'est le propre de l'intelligence, de ne tirer pas ses actions à coup

perdu , mais de s'y propoſer vne certaine
fin , comme vn blanc ou elle viſe , & que
toutes les fins que nous pouuons nous
propoſer ſont ou dans l'honneſteté des
choſes loüables , ou dans le contentement qui naiſt des choſes delectables,
ou dans l'vtilité de celles qui peuuent
profiter , nous ne faiſons aucune action
auec intelligence , que nous ne nous
mettions deuant les yeux quelqu'v-
ne de ces trois fins. De plus , toute
intelligence qui ſe propoſe vne certaine fin , ayant encore ce propre de la Nature de iuger des moyens qui ſont bons
pour y paruenir , & quand il s'en preſente pluſieurs , de faire le choix de
ceux qu'elle eſtime les meilleurs,& de les
preferer aux autres,nous ne nous propoſons iamais de telles fins en nos actions,
que nous ne conſultions pareillement ſur
les moyens, & que de cette conſultation
nous ne formions la reſolution d'agir ou
de n'agir pas conformément à la nature
tant de la fin & des moyens, que de l'in-
telligéce qui ſe la propoſe & qui les gouuerne. En fin toutes les actions de cette
nature procedant de la volonté , & ce
que l'on fait du mouuement de ſa volonté ne pouuant eſtre imputé à contrainte
ni

ni à violence, soit bien ou mal que nous
faſſions, nous nous y portons volontairement, & n'attribuons aucune de nos actions à choſe quelconque qui ſoit tellement au dehors de nous, qu'elle nous y
force. Iuſques là nous reconnoiſſons vn
franc arbitre, & on ne peut raiſonnablement nous accuſer de rien croire ni de
rien enſeigner autrement. Cela donc ſans
aucune difficulté ſuffiſant pour rendre
nos actions dignes de blaſme & de punition, ou de remuneration & de loüange,
peut-on iuſtement demãder de nous dauantage? Certainement quand il eſt queſtion d'aller plus auant, & de ſçauoir
quelle fin nous ſommes capables de nous
mettre deuant les yeux, nous diſons que
nous ſommes de noſtre nature ſi mauuais
& ſi corrompus en nos paſſions, que nous
ne nous propoſons iamais fors l'Vtile &
le Delectable, ſinon que Dieu nous faſſe
la grace d'apperceuoir l'excellence de
l'Honneſte, & qu'il nous donne de nous
y porter. Encore nous trompons nous
toujours au iugement que nous faiſons
du delectable & de l'vtile, & ne le con-
ſtituons ſinon dans les choſes qui plai-
ſent à nos mauuaiſes paſſions, iuſques à
ce que Dieu nous illumine, pour ſçauoir

bien diſcerner la ſolidité de la verité d'a-
uec la vanité des apparences. Puis donc
qu'il ne nous arriue iamais d'en bien iuger de nous meſmes, ſans la preuention
& l'aſſiſtance de la grace de noſtre Seigneur, il faut qu'il y ait naturellement en
nous quelque choſe qui nous en rende
incapables, & qui nous oſte, non le franc
arbitre meſme, car nous ne le pouuons
perdre ſinon en perdant la raiſon & la
volonté, mais le bon vſage du franc arbitre en ce qui eſt du bien & du mal. Car
ce qui eſt ainſi vniuerſel & en toutes perſonnes & en tous temps, doit auoir vne
cauſe neceſſaire & determinée, & c'eſt ce
qu'on appelle le peché originel, dont
toutes les puiſſances de nos ames ſont
infectées. Si cette doctrine là nous priue
de la bonne grace de nos Superieurs &
de nos concitoyens, il y a certes matiere
de s'en étonner, pour ces trois raiſons
principales. La premiere eſt, qu'elle donne à Dieu la loüange toute entiere de
tout le bien qui eſt en nous & que nous
faiſons. Or y a t'il ſans doute moins de
peril a donner à Dieu vn peu plus de
loüäge qu'il ne faut, qu'à en dóner beaucoup moins qu'il ne faut à l'homme.
Quand nous attribuërions à Dieu quel-

que partie de la loüange qui nous appar-
tiendroit (ce que nous ne faisons nullement pourtant) nous ne croirions pas
en deuoir encourir la reprehension de
personne. Asseurément si ce qu'il y a de
Dieu, & ce qu'il y a de l'homme en nos
actions, est si malaisé à diuiser, qu'il soit
comme impossible de le partager que l'vn
ou l'autre n'y perde, il est sans doute plus
raisonnable de tout rapporter à la gloire
de Dieu, de qui nous tenons tout, qu'à
nous, qui n'auons rien de nous mesmes.
La seconde est, qu'en cela nous suiuons
precisément les decisions que l'Eglise a
faites contre les Pelagiens & Semipela-
giens, qui ont voulu donner plus qu'il
ne faut au franc arbitre de l'homme. Et
qui considerera bien la doctrine de S. Au-
gustin en cette matiere, trouuera qu'elle
est entierement conforme à la nostre, &
qu'il a combattu Pelagius & ses secta-
teurs des mesmes armes dont nous nous
seruons maintenant. Or seroit-ce chose
bien estrange qu'on nous blasmast à cause
d'vn sentiment en faueur de qui l'Eglise
a notoirement prononcé, & qui a esté
constamment tenu par ce grand Saint,
dont le nom & la memoire est en benediction en l'Eglise. La troisiesme est fi-

nalement, qu'il y a vne infinité d'honnestes gens en la communion de Rome, qui sont en cela de mesme opinion auec nous, qu'on nommoit cy-deuant dans les Ecolles Predeterminans, & que depuis quelque temps on appelle Ianfenistes. Et on ne peut pas dire que nous en veillions faire accroire au monde lors que nous parlons ainfi. Car les écrits qu'on fait contr'eux les accufent fi hautement d'eftre Caluiniftes en ce point, qu'il ne fe peut reuocquer en doute. Le feul liure que le Iefuite Petau a compofé touchant le franc arbitre depuis peu, en fait foy à tout le monde. Or iufques à cette heure on les a fupportés doucement, & Rome mefme ne s'etoit point meflée de ce differend, ou au moins n'auoit ouuertement fauorifé aucun des partis contendans, iufques à il y a fort peu, que le Pape de maintenant, s'eft, à ce qu'on dit, declaré pour les Anti-Ianfeniftes. Ce feroit donc certes paffion fi on auoit de l'auerfion contre nous à l'occafion d'vne chofe que la communion de Rome n'a point encor decidée formellement, & qui n'empefche pas qu'on ne tienne pour fort honneftes gens & pour bons Chreftiens ceux qui y ont des sentimens tout à fait conformes aux nostres.

Le quatriéme exemple sera pris de cette accusation si atroce, que nous faisons Dieu auteur de peché. "Ce qui veritablement seroit digne dé beaucoup d'horreur, s'il estoit aussi veritable, que beaucoup de gens le nous imputent hardiment. Or d'abord il y a de la peine à conceuoir comment cette accusation s'accorde auec la precedente. Car ie ne diray pas que si nous ruinons absolument le franc arbitre, dont l'vsage est necessaire pour faire que nos actions portent iustement la qualité de vertu ou de peché, nous ostons aussi tout peché de la conuersation des hommes, & que Dieu ne peut estre auteur d'vne chose qui n'est point. Ie diray seulement que si, comme nous le faisons, nous attribuons à Dieu toute la gloire des bonnes actions que nous produisons, & si, comme on nous en accuse, nous le faisons encor auteur de toutes les mauuaises, il faut qu'il y ait vne merueilleuse bizarrerie en nos opinions, & que nous ayons bien peu d'entendement de ne reconnoistre pas quelle extrauagance il y auroit d'attribuer également à Dieu

tout le bien & tout le mal qui se trouueroit dans les actions des hommes. Outre
qu'ainsi nous ne laisserions à la creature
ni loüange ni blasme de bien & de mal,
le zele que nous auons d'vn costé à la
gloire du Createur, seroit de l'autre choqué bien rudement & bien manifeste-
ment par la mauuaise opinion que nous
aurions de la sainteté de sa prouidence.
Mais veritablement on a grand tort de
nous attribuer des sentimens que non
seulement nous reiettons comme faux,
mais que nous auons en execration comme abominables. Tant s'en faut que
nous soyós coupables de ce crime, qu'au
contraire, nous mettons constamment
& vniuersellement cette distinction entre le bien & le mal de nos actions, que
nous attribuons absolument le bien à
Dieu, comme à la seule cause dont il
peut estre produit ; & quand au mal,
nous le donnons entierement à l'homme & au Malin, qui en font la seule origine. Or encore que cette question, que
c'est que la Prouidence de Dieu fait ou
ne fait pas en la production des mauuaises actions, soit arduë d'elle mesme , &
de longue discussion , & qu'en accusations si calomnieuses, qu'on ne souttient

d'aucunes preuues, il suffit de nier le crime pour en estre iustifié, ie ne laisseray
pas de dire icy deux ou trois choses pour
nostre dessein. Premierement, il ne
nous est iamais tombé dans la pensée,
que Dieu par quelque operation interieure de sa Prouidence, mette au cœur
des hommes de mal faire, ni qu'il y inci-
ta le moins du monde leurs affections.
C'est dans la conuoitise, & dans la corruption de nostre nature qu'est le germe
du peché, qui s'excite & qui bourgeon-
ne de luy mesme, & qui répend en nos
pensées, en nos actions, & en nos paroles tout le vice qui y est. Ce que la Prouidence de Dieu fait en cela est de gouuerner tellement quant à l'exterieur l'administration des objets qui sont capables
d'exciter les affections & les conuoitises,
qu'ils se presentent à propos deuant les
facultés & les émeuuent, lors qu'il est
question de l'execution de quelque ar-
rest de sa Prouidence, ou les pechés des
hommes doiuent interuenir. Comme ç'a
esté cette diuine conduite & du Pere &
du Fils, qui a fait que le Seigneur Iesus
s'est trouué a point nommé deuant les
yeux de Iudas, des Pharisiens, & de Pi-
late, pour émouuoir en chacun d'eux les

paſſions auſquelles ils eſtoient enclins, &
de l'émotion deſquelles dependoient la
crucifixion du Sauueur du Monde. Car
il n'eſt point beſoin d'inſtiller ni l'auarice, ni l'enuie, ni la cruauté dans l'eſprit
des hommes, à ce qu'ils ſoint induits à
faire des actions conuenables à la nature
de ces vices, lors que les occaſions s'en
preſenteront; la corruption qui eſt en eux
tous dés le ventre, les rend d'eux meſmes aſſés enuieux, & aſſés cruels. Il ne
faut que leur faire voir, ou quelque notable ſomme d'argent, ou quelque eminente vertu qui offuſque leur reputation, & qui abbaiſſe leur puiſſance, ou
quelque autre tel objet ſur lequel ils
puiſſent contenter la barbarie de leurs
paſſions. Et comme ſi vous approchés
vne matiere ſouuerainement conbuſti-
ble de la flame, incontinent le feu s'y
prend la ſeule preſence des choſes capables d'exciter ces paſſions, les allume
incontinent. Pour ce qui eſt de l'interieur, l'efficace de la Prouidence conſiſte principalement en ce que les penſées
des hommes eſtant fort errentes & va-
gabondes, & la varieté des objets qui ſe
preſentent à eux les faiſant aſſés ſouuent
flotter irreſolus entre diuerſes mauuaiſes

ctions, elle fait par des moyens secrets
& tout à fait imperceptibles à noſtre intelligence, qu'ils ſe determinent plûtoſt
à vne choſe qu'à l'autre, pour ſeruir ſans
y penſer au deſſein lequel Dieu s'eſtoit
formé. Ce qui fait qu'encore qu'il ne
contribuë du tout rien à la naiſſance de
ces mauuaiſes penſées, & que toute ſon
operation ſe déploye à les gouuerner
ſeulement, l'éuenement qui s'en enſuit
luy eſt attribué cóme s'il en eſtoit la cauſe. A quoy contribuë beaucoup ce que
Satan ne pouuant rien entreprendre deſſus les hommes, ſinon autant que Dieu
luy permet, auſſi toſt que Dieu luy a lâ-
ché la bride, il court & vole dedans leurs
eſprits, & y embraſe les paſſions qui n'y
eſtoient déja que trop enflammées d'elles meſmes. Apres cela, de quelque façon
qu'on explique cette matiere, car ſa difficulté fait prédre diuerſes routes à ceux
qui ſe meſlent de l'interpreter tant en
l'vne qu'en l'autre communion, tant y a
que nous n'auons iamais parlé de ce que
Dieu y fait en termes ſi precis, & qui ſem-
blent tant faire dependre les mauuaiſes
actions des hommes de l'operation de la
main de Dieu, que l'Ecriture n'en employe de beaucoup plus emphatiques, &

qui deuroient donner beaucoup plus de
ſujet de ſcandale , s'il y auoit quelque
choſe en l'Ecriture dont on ſe deuſt ſcan-
daliſer. Car elle ne ſe contente pas de dire en ce qui eſt de la crucifixion de noſtre
Seigneur , que les Iuifs qui l'ont mis à
mort n'ont rien fait ſinon ce que *la main
& le conſeil de Dieu auoient determiné ſe
deuoir faire*, Act. 4, 8. mais elle enſeigne
diſertement que c'eſt Dieu qui a *endurci
le cœur de Pharao* côtre ſes propres commandemens, Exod. 7. 3. que c'eſt luy qui
a fait qu'Abſalon a commis inceſte auec
les concubines de Dauid, afin de le punir
de ſes pechés, 2. Sam. 12. 11. 12. que c'eſt
*luy qui ennoye efficace d'erreur en ceux qui
n'ont point receu la dilection de verité afin
qu'ils croyent à menſonge*, 2. Theſſ. 11. 10 11.
& choſes ſemblables. Comme donc la
bonne opinion qu'on a de la ſainteté de
l'Ecriture & de la diuinité de ſon inſpira-
tion , fait qu'on ſe porte à expliquer ces
endroits de telle ſorte , qu'on y trouue
en fin que la conduite de noſtre Seigneur
y demeure exente de blâme ; la charité
Chreſtienne deuroit porter ceux qui li-
ſent les écrits de nos gens ſur cette matiere , à les expoſer fauorablement, s'ils y
trouuoyent quelque choſe qui de prime

abord ne fuſt pas à leur contentement.
Car c'eſt bien vn effet de noſtre pieté
que de tâcher d'applanir dans les Ecri-
tures les paſſages qui s'y rencontrent vn
peu difficiles ou ſcabreux ; mais c'eſt vn
grand defaut de charité, & vne procedure qui témoigne de la paſſion beaucoup,
que de cõdamner comme criminel dans
les liures de nos gens, ce qu'on trouue
moyen de iuſtifier plénement dans ceux
des Prophetes & des Apoſtres. Finalement, il n'y a dans ces diuins auteurs &
dans les noſtres expreſſion ſi dure en cette matiere, ni ſi capable de donner de
l'alarme à l'eſprit humain, qu'il ne s'en
trouue de pareilles & de plus fortes encor dans les écrits des auteurs les plus il-
luſtres de la communion de Rome. Car,
ie vous prie, que peut on rencontrer en
nos gens qui ſoit on delà de ces paroles
du Cardinal Bellarmin au ſecond de ſes
liures de la Perte de la Grace, chap 13.
Pour ce qui eſt de l'inceſte d'Abſalom, Dieu
eſt dit auoir fait ce mal l'à, ron entant que
c'eſtoit vne péne pour Dauid. Car encore que
ce fuſt vn mal qu'Abſalom pechaſt, ce que
Dieu ne vouloit point, mais le defendoit; c'e-
ſtoit pourtant vn bien que Dauid fuſt puni;
ce que Dieu a voulu & l'a fait. Item, au

chap. 16. *Non seulement Dieu delaisse les
pecheurs quand il les abandonne aux defirs
de leurs cœurs, mais aussi quand il tourne,
& gouuerne, & ordonne si admirablement
les mauuaises volontés, lesquelles il n'a pas
faites, mais n'a pas ignoré quelles seroient
telles, que malgré qu'elles en ayent, elles luy
seruent.* c'est à dire, à l'execution de ses
desseins. Ailleurs il dit que Dieu *les re-
git, & les gouuerne*, & qu'il les *tort*, ou
fléchit, & mèmes auec quelque espece de
violéce, (car le mot *torquet* signifie tout
cela) operät en elles inuisiblement, tellement qu'elles s'adressent plûtost à vn mal
qu'à l'autre par la prouidence de Dieu.
Il est vray qu'il dit que ce n'est pas *positiuement* qu'il le fait, mais *permissiuement*
seulement, & qu'il explique cela par la
côparaison d'vn chasseur duquel on dit
qu'il a poussé son chien sur le lievre,
quoy qu'il n'ait fait que lâcher la lesse
dont il le tenoit arresté. Mais outre que
l'emphase de ces mots monstre qu'en
cette *permission*, il y a quelque efficaco
positiue, il dit que mesmes *positiuement*
Dieu encline les volontés des meschans
pluftost à vn mal qu'à l'autre, quoy que
ce soit *occasionnellement & moralement*,
c'est à dire, en leur mettant en l'esprit
quelques

quelques penſées bonnes en elles meſmes, mais dont ils abuſent à mal. Puis
donc que nous faiſons également profeſſion d'auoir en deteſtation que Dieu
ſoit l'auteur des pechés des hommes, &
que nous nous exprimons en termes qui
ſont également capables, en les prenant
trop à la rigueur, de ſoupçonner quelque choſe de tel pourtant quelle apparence de raiſon y peut-il auoir que les
Docteurs Romains ſoyent neantmoins
receus à nous accuſer continuellement,
& que quand à nous on ne vueille pas
donner vne oreille à nos defences ? Ou
de quelle iuſtice peut-on colorer ce procedé, que l'on recompenſe des dignités
les plus eminentes de l'Egliſe de Rome
ceux de ſa communion qui parlent ainſi,
& qu'à ces pauures Reformés qui ne diſent du tout rien de pis, on faſſe ſentir
tant d'effets d'vne animoſité comme implacable ?

SECTION IV.

Que ſi on conſidere ceux de la Religion à l'é-
gard des choſes qu'ils ne croyent pas, ils
ne meritent point d'auerſion. Et premie-

N

*remët touchant l'Inuocation des Saincts,
l'adoration des Images, & le Purgatoire.*

IENNENT maintenant à estre considerés les principaux chefs des choses que nous ne croyons pas, ou que nous ne pratiquons pas en matie-re de Religion. Car ie ne veux parcourir que les plus notables, ne doutant pas que si i'y puis donner quelque satisfaction à ceux qui nous veulent du mal, ils ne se portent d'eux mesmes à iuger équitablement & fauorablement du reste. Le premier que ie proposeray est l'inuocation des Saints, que nous ne croyons pas estre permise à l'Eglise, & qu'à cette occasion nous ne pratiquons point entre nous. Sur quoy certes il y a suiet de s'étonner comment on le trouue si mauuais. A la verité si nous le faisions pource que nous fussions ennemis des Saints & de la Vierge bien-heureuse, quoy que la chose ne fust pas blasmable en elle mesme, nous n'é pourrions pour-tant nullement ni iustifier, ni mesme ex-cuser le motif. Mais Dieu & les hom-mes nous sont témoins, quelques ca-lomnies qui se sement parmy le vulgaire,

& à quelques exce's qu'on s'eporte quelques fois dans le zele des predications ,
que nous eſtimons les Saints bien heureux , que nous admirons leurs vertus ,
que nous imitons leurs exemples', & ſur
tout , que nous auons de la glorieuſe
mere de noſtre Seigneur, toutes les plus
hautes & les plus auantageuſes opinions
que l'on peut auoir d'vne perſonne purement humaine.   Nos écrits publics en
font foy , nos propos en atteſtent en
toutes occaſions, & nos predications, au
moindre ſujet qui nous en eſt preſenté,
reſonnent magnifiquement de leurs
loüanges.   De ſorte que ſi nous ne les
inuoquons pas, il le faut ſimplement attribuer à vn pieux & religieux mouuement de nos conſciences. Or y a t'il certes diuerſes conſiderations pour leſquelles ceux auec qui nous viuons nous y
doiuent eſtre plus équitables.   Car pour
ne dire point icy que tout tel mouuemét
de conſcience procede de quelque reuerence enuers la Diuinité , tout le monde
aduouë que nous n'auons point de commandement en l'Ecriture d'inuoquer
autre que Dieu. Et de fait le Concile de
Trente ne dit pas que ce ſoit vne choſe
neceſſaire, mais *bonne & vtile* ſeulement,

N 2

que d'inuoquer les Saints qui regnent
auec noftre Seigneur. De forte qu'on
ne nous peut accufer de rebellion contre
Dieu, ni de defobeïffance à fes commandemens en cet égard.　Or fi l'Apoftre S.
Paul dit qu'il faut fupporter charitable-
ment ceux qui n'ofent manger de quelque efpece de viande, pource qu'ils fe
figurent qu'elle eft defenduë, encore
qu'elle ne le foit pas, il nous fupporte-
roit fans doute beaucoup plus doucemét
encor s'il viuoit, eftant icy queftion d'v-
ne chofe qui quand elle ne feroit pas defenduë de Dieu, nous eft fort fufpecte
pourtant, & qui eft d'incomparablement
plus grande importance. Apres cela, ce
qui augmente noftre foupçon, c'eft que
ni dedans le Vieil ni dedans le Nouueau
Teftament nous n'en voyons aucun
exemple. Car tout ce qu'on en veut tirer pour iuftifier le contraire, eft fi friuo-
le, que peu s'en faut que ceux mefmes
qui l'alleguent n'en ayent honte. En effect, pour ce qui eft du Vieux Teftament,
puis qu'en l'Eglife Romaine on croid
que ni les Patriarches, ni les Prophetes,
ni les autres Saints de ce temps là, n'ont
point efté recueillis en Paradis finon à
l'aduenement du Meffie, c'euft efté lors

chofe bien impertinente que de les vouloir inuoquer. Pour ce qui eſt du Nouueau, les plus paſſiónés diſputeurs n'y en
trouuent pas la moindre trace. Or ce
qu'il n'y a point de commandement d'inuoquer les Saints, eſt vn argument indubitable de l'inutilité de la choſe en ſoy.
Si elle pouuoit ſeruir à la gloire de Dieu
& à noſtre ſalut, tres aſſeurement Dieu
la nous euſt commandée. Mais ce qu'il
n'y en a point d'exéple, eſt vne tres violé-
te preſóption qu'il y a quelque choſe de
vicieux en cette deuotion; n'eſtant nullemét à preſuppoſer que nous ſoyons plus
aduiſés ou plus deuotieux que ces Saitns
à qui l'on defere cét honneur ; pour in-
uenter en matiere de pieté quelque nou-
ueauté qui ne leur ait point eſté connuë.
Il eſt vray que le Concile de Trente cou-
che icy magnifiquement de la couſtume
de l'Egliſe Catholique & Apoſtolique,
& qu'il en rappelle l'origine de la plus
lointaine antiquité. Mais apres quinze
cens ans qu'il y a que les Apoſtres ſont
morts, les traces de ces traditions nous
paroiſſent ſi confuſes, & la iactance de
ceux qui ſe vantent de les nous monſtrer
dans les écrits des anciens Hiſtoriens &
des Peres, eſt ou ſi peu fondee en bonne

N 3.

témoignages , ou mefmes contredite fi
fortement par ceux que nous alleguons,
que nous ne voyons aucune apparence
de raifon de nous refoudre là deffus à
vne chofe de telle importance. En effet,
i'eftime que cecy nous doit iuftifier deuant tout le monde. Il faut neceffaire-
ment que l'inuocation qu'on adreffe à
ces benîtes creatures qui font au Ciel,
foit vn feruice religieux qu'on leur rende comme à des mediateurs & intercef-
feurs entre Dieu & nous , & vn honneur
qui leur foit deu à caufe de cette charge;
ou que ce foit feulement vn effet de la
communion des Saints, qui nous fait implorer l'affiftance des prieres de nos amis
dans les neceffités qui nous preffent. Si
c'eft le premier , il me femble qu'il n'y a
perfonne qui entende que c'eft de raifon,
qui n'aduouë que nous en auons beaucoup de nourrir de fi fortes auerfions
pour ce culte. Car quand à honorer le
Createur d'vn feruice religieux, c'eft chofe que nous deurions faire quand il ne le
nous auroit pas commandé , pource que
l'excellence & l'immenfité de fa nature,
l'eftre qu'il nous a donné, la prouidence
par laquelle il nous gouuerne , & les autres bienfaits que nous auons receus de

luy , l'exigent de nous clairement. Mais
honorer vne fimple creature d'vn feruice
religieux , eft chofe que nos confciences
ne peuuent gaigner fur elles mefmes, fans
vn cõmandement tres exprés & treseui-
dent ; & quand elles verroient quelque
chofe de tel , il feroit bien malaifé que la
qualité de leur objet ne les fift beaucoup
hefiter auant qu'elles y cõdefcendiffent.
Car le feruice religieux eft comme l'a-
mour coniugal, ainfi que l'Ecriture enfeigne. Or tant s'en faut qu'vne femme cha-
fte communique cét amour à autre qu'à
fon mary, fans fon confentement bien exprés , que mefmes qaand il le luy ordon-
neroit , la Nature de la chofe la porteroit
à s'eftimer difpenfée de l'obeïffance. Ioignés à cela que la charge de mediateur &
d'interceffeur eft en l'Ecriture attribuée
à Iefus Chrift exclufiuement à tout autre.
Il y a , dit l'Apoftre 1 Tim. II. 5. *vn feul*
Dieu & vn feul Mediateur entre Dieu &
les hommes , à fçauoir Iefus Chrift Or ie
veux qu'on allegue icy de fubtiles diftinctions de Mediateur d'interceffion & de
Mediateur de redemption , & autres telles qu'il vous plaira , tant y a que cela ne
nous ofte pas les fcrupules de la cõfcien-
ce. Les termes de l'Apoftre, comme il eft

manifeste, ſôt diſerts; ces diſtinctiôs ſont
de l'inuention de l'eſprit humain, & ton-
dées ſur certaines ſuppoſitions dõt. nous
ne voyons aucune trace en l'Eſcriture. Ie
vous prie, en vne choſe dont nous n'a-
uons point de commandement, dont
nous ne voyons au cun exemple, ou il y a
tant d'apparance que la chaſteté de la
conſcience, & la pureté de l'amour que
nous deuons à Dieu eſt violée, & ou la
gloire de la charge de noſtre Mediateur
eſt communiquée à autruy, ou trouue-
ray-je dequoy ſuffiſamment autoriſer ces
diſtinctions, pour me deliurer de l'apprehenſion que i'ay de bleſſer le ſeruice
de mon Dieu, & le ſalut de mon ame?
Dans les choſes humaines, c'eſt vn precepte de prudence que nul ne tranſgreſſe
à moins que d'eſtre quaſi tenu pour in-
ſenſé, de ne ſe porter iamais à faire choſe
quelconque ſans neceſſité, ou ſans quelque vtilité ſouuerainement conſiderable, quand il y a dans l'action quelque
notable peril. Où dõc ie ne voy nulle neceſſité d'inuoquer les Saints, car il n'y en
a point de commandement; où ie ne voy
point d'éuidente vtilité; car puis que le
Fils vnique de Dieu eſt mon interceſ-
ſeur, ie me puis fort bien paſſer de l'in-

terceſſion de tous les Saints & de tous
les Anges; où le danger eſt ſi manifeſte
de choquer l'honneur de mon Createur,
& la gloire de mon Redempteur ; où finalement ie cours riſque de la perte de
mon ſalut, de quel chaſtiment ne ſeroit
point digne ma temerité, ou quel ſupplice ne meriteroit point mon irreligion, ſi
ie paſſois par deſſus toutes ces conſiderations par inaduertance ou par complaiſance? Si l'on prend cette inuocation
ſeulement comme vn effet de la communion des Saints, les ſcrupules que nous
en auons ne ſont pas moins conſidera-
bles. Car premierement nous la voyons
pratiquer en l'Egliſe Romaine comme
vn ſeruice religieux. On y prie les Saints
tout de meſme que la Trinité: & comme
l'air & la façon exterieure de le faire eſt
toute ſemblable an ſeruice religieux que
l'on preſente à Ieſus Chriſt, auſſi voyons
nous que la deuotion & les mouuemens
du cœur ne different aucunement do
ceux qu'on épand en la preſence du Redempteur, quand on s'addreſſe à ſa perſonne. Pource que l'inuocation eſt vne
dependance de l'adoration, on n'y nie
pas qu'on ne puiſſe & qu'on ne doiue
adorer les Saints & la mere de I. Chriſt,

seulement on cherche quelques degrés
d'adoration subalternes & quelque peu
moins élevés, pour ne les égaler pas tout
à fait au Sauueur du monde. On distingue entre l'adoration de *latrie*, & celle
qui n'en est pas; on subdiuise encore
cette-cy. pour ne mettre pas les Saints
& la Vierge bien-heureuse en mesme
rang, en assignant à ceux là la *dulie* tout
simplement, au lieu qu'on estime celle-
cy digne de *l'hyperdulie*. Mais quoy qu'il
en soit, latrie, dulie, hyperdulie, ce
sont cultes religieux, qui different seulement de quelques degrés entr'eux; ce
qui scandalise tout à fait nos consciences. Car il nous semble que comme la
difference des degrés au culte, induit
bien necessairement la difference des degrés en l'excellence de l'objet, de sorte
que les perfections des Saints n'égalent
pas celles de la Vierge, & que celles de
la Vierge ne vont pas au pair de Iesus
Christ, ainsi la conformité en la nature
du culte, induit pareillement la conformité de la nature de l'objet, de sorte que
ce sont des Dieux & des Redempteurs à
qui on addresse cette inuocation, mais
d'vne dignité inferieure à nostre Seigneur, & à la Diuinité eternelle de son

Pere. On ne craint pas mesmes de dire
qu'ils sont *Dieux & Redempteurs*, quoy
que ce ne soit qu'en quelque façon *&
par participation*, comme Bellarmin les
appelle. Comment donc pourrions nous
considerer cette invocation comme vn
simple effect dela cõmunion des Saincts,
& comment y pourrions nous participer
sans crainte de polluer nos consciences?
Puis apres en cette communion que les
saints & fideles ont entr'eux, nous im-
plorons bien l'assistance des prieres de
ceux à qui nous pouuons parler, si nous
nous rencontrons en mesme lieu auec
eux. Si l'interualle des lieux qui nous
separent n'empesche pas le commerce
& la communication, nous le pouuons
faire par lettres. Mais quant à prier ceux
qui sont si éloignés de nous, qu'ils ne
peuuent ni entendre nostre voix, ni receuoir de nos lettres, ni estre informés
par aucun autre moyen de nos inclinations & de nos necessités, c'est ce que
nous ne pensons pas qu'aucun des Catholiques pratique. Ceux donc qui in-
uoquent les Saincts s'imaginent qu'ils
sont entendus d'eux, & qu'ils connois-
sent leurs necessités & les mouuemens
de leurs consciences. Or comment cela

se peut il sans leur attribuer ce qui ne
conulent qu'à la seule diuinité, c'est à
sçauoir vne connoissance infinie? Ie
sçay bien encore qu'on allegue icy beaucoup de distinctions ingenieuses. Mais
comme quand il est question d'vser d'vne
drogue bien dangereuse, apres diuerses
precautions, & diuerses preparations, le
meilleur, & le plus salutaire est de n'en
prendre du tout point; pour ce que la
moindre petite omission en tant de cir-
conspections, est capable de faire que
vous vous empoisonnerés, au lieu de
prendre d'vn bon remede : ainsi en vne
action de cette sorte, apres toutes ces
subtilités, le plus seur & le plus expediét
est de ne la faire du tout point, pour ce
que si vous vous y trompés, l'erreur y est
pernicieuse. En effet sur quoy pouuons
nous fonder aucune certitude de cette
persuasion, que les Saints qui sont en Paradis nous entendent ? Quel enseigne-
mét en auons nous en la Parole de Dieu,
quel exemple dans les experiences des
choses humaines ? Quel raisonnement
tiré ou de la nature ou de l'étenduë de
leur felicité est capable de nous en rendre certains ? Quels Anges enuoyés des
Cieux nous en ont jamais rendu témoignage ?

gnage ? Et si ie ne suis point asseuré d'e-
stre écouté de celuy que i'appelle à mon
secours, à quoy faire rempliray-ie la terre
& les Cieux des clameurs de mes Litanies? Enfin, soit qu'on considere l'inuocation des Saints comme vn culte religieux, n'ayant point de commandement
de la pratiquer, nous ne sçauons si c'est
chose agreable à Dieu. Or S. Paul dit,
que faire vne action sans sçauoir si elle est
agreable à Dieu, ou non, & pecher, c'est
vne méme chose. Soit qu'on la considere
seulement comme vn effet de la communion des Saints, n'ayant aucune certitude
qu'ils entendent nos oraisons, la sagesse
ni la pieté ne nous permet pas de faire
des actions de cette nature à la volée. Si
ie m'estois proposé de disputer de la Religion, ie m'arresteroy dauantage à re-
soudre tout ce que l'on met en auant sur
cette matiere, & monstreroy que tout ce
qu'on a acccûtumé d'alleguer pour donner couleur à cette partie du seruice de
l'Eglise Romaine, est sans solide fondement. Et si cét écrit estoit entrepris proprement & principalement à dessein de
conuertir à nostre profession ceux qui en
sont éloignés, ie me mettrois en deuoir
de prouuer bien fortement que c'est vne

pratique qui ne s'accorde nullemᵉt auec
le genie de la religion Chreſtienne. Mais
pource que ie n'ay deſſein ſiuon de diminuer l'auerſion que tant de gens ont contre nous , il me ſuffit de dire que là ou
deux choſes qui nous doiuent eſtre en ſi
ſouueraine recommandation, la gloire de
noſtre grand Dieu , & noſtre ſalut erer-
nel, nous empeſchent ſeules ſans autre
conſideration d'approuuer & de pratiquer ce culte en noſtre Communion,
nous meritons plûtoſt loüange d'eſtre
circonſpects, & ſi l'on le veut ainſi, ſcrupuleux, par des motifs ſi importans , que
non pas l'indignation de ceux à qui noſtre creance eſt odieuſe.

Le ſecond point eſt celuy de l'Adoration des Images, ſur lequel il y a encore
beaucoup plus de ſujet de s'étonner que
noſtre creance & noſtre pratique nous
puiſſe attirer la haine de nos côcitoyens.
Car non ſeulement nous n'auons dans
la Parole de Dieu ni aucun precepte ni
aucun exemple de les venerer, mais nous
auons & des commandemens tres-pre-
cis, & des exemples tres-autentiques qui
le nous defendent. La defence en eſt
tres-expreſſe en ces paroles du ſecond
Commãdement de la Loy. *Tu ne te feras*

aucune image taillée , ni ressemblance des
choses qui sont là haut au Ciel , ni icy bas en
la terre , tu ne te prosterneras point deuant
elles, & ne les seruiras point. Et en celles cy
du 4. chap du Deuteronome; *Vous pren-*
drés bien garde sur vos ames, (car vous n'a-
ués veu ressemblance aucune au iour que
nostre Dieu a parlé à vous en Oreb du mi-
lieu du feu :) De peur que vous ne vous cor-
rompiés , & ne vous fassiés quelque Image
taillée , ou ressemblance qui vous represente
chose quelconque. qui soit effigie de masle ou
de femelle; ou effigie d'aucune beste qui soit
en la terre , ou effigie d'aucun oiseau ayant
aile qui vole par les Cieux. Et cela est re-
peté & dans le mesme chapitre & en mille autres endroits. Les exemples en sont
en ce que ça esté la constante & inuaria-
ble pratique des Iuifs , de n'auoir aucune representation de chose viuante qui
peust le moins du monde attirer leur deuotion, & en ce que les premiers Chrestiens y ont encore eu plus d'auersion
qu'eux, & s'en sont gardés auec vne souueraine diligence. Il est bien certain que
ceux qui ont introduit la coustume de
mettre des images en l'Eglise , & de les
y honorer, ont apporté tout ce qu'ils ont
peu de subtilité, pour nous faire croi-

re que Dieu ne le nous a pas defendu. Tantoſt on y diſtingue entre *Idole*
& *Image* , & repreſentation de choſe
qui *ſont*, & de celles qui *ne ſont point*.
Tantoſt on va chercher la forme des
Cherubins dedans le Sanctuaire deſſus
l'Arche , & dans les courtines dont le
Tabernacle eſtoit couuert. Tantoſt on
dit que ce commandement eſtoit cere-
moniel & legal, & que nous n'y ſommes plus aſtreints ſous l'Euangile de Ieſus Chriſt. Tantoſt on employe quelque autre artifice pour nous rendre la
tranſgreſſion de ce cómandement moins
ſcandaleuſe & moins étrange. Mais on
ne ſçauroit tant faire pourtant, que cela
nous deliure des penſées que cette ſorte
de deuotion jette dedans nos eſprits.
Car quelle apparence que les Chreſtiens
de maintenant entendent mieux ces
commandemens que les Iuifs, à qui ils
ont eſté donnés par Moyſe meſme pour
eſtre la regle de leur pieté , ni que les
premiers Chreſtiens qui auoient receu le
Chriſtianiſme de la bouche des Saints A-
poſtres ? Ou qui a donné le pouuoir aux
Chreſtiens de ces derniers temps d'interpreter les loix de Dieu, que les Iuifs
& les premiers Chreſtiens ont receuës

& executées tout simplement, sans entreprendre de les gloser d'aucune exposition telle qu'est celle dont à cette heure on les enerue ? Et s'il se trouue que
ces interpretations ne soyent pas selon
le sens du Legislateur, qui nous garenti-
ra de la malediction que ces loix denon-
cent à ceux qui les violent ? I'ay desia dit
que ie ne veux nullement entrer icy dans
la Controuerse : mais cela n'empeschera
pas que ie ne mette icy en auant les precautions sous lesquelles le Cardinal Bellarmin veut que les images soyent venerées, afin de voir s'il y a raison de nous
vouloir du mal pource que nous n'y
pouuons consentir. Il apporte donc premierement au second liure qu'il a écrit
de cette matiere, trois distinctions qu'il
estime prealables à la decision de la question, & à la reconciliation des diuerses
opinions des docteurs Catholiques Romains ; puis apres il met en auant quatre
ou cinq propositions, dans lesquelles il
comprend toutes les regles de la deuotion des Chrestiens en cét égard. Il distingue entre les choses qui se peuuent
honorer *de par elles mesmes*, comme le
Roy, & celles qui ne s'honorent sinon
par accident seulement, comme la pour-

pre dont il eſt veſtu. Item entre les choſes qui ſe peuuent honorer *à cauſe d'elles
meſmes*, comme ſont celles qui ſont ſain-
tes & ſacrées de leur nature; & celles qui
ſe peuuent honorer *à cauſe de certaines
autres*, comme les ſignes des choſes ſacrées, à cauſe de la reſſemblance qu'ils
ont auec elles. Enfin, entre les choſes
qui ſe peuuent honorer *proprement*, comme quand on fait de l'honneur à vn
mort, que l'on porte effectiuement dans
la pompe de ſes funerailles : & celles
qui ſe peuuent honorer *improprement*,
comme quand on fait de l'honneur à vne
image de cire qui repreſente le mort,
dont le corps eſt en quelque lieu ailleurs. Ses propoſitions ſont : *Que les
images de Chriſt & des Saints doiuent eſtre
venerées, non pas ſeulement par accident, ni
improprement, mais de par elles meſmes &
proprement, tellement que la veneration
qu'on leur rend ſe termine en elles, entant
qu'elles ſont conſiderées en elles meſmes, &
non pas ſeulement entant qu'elles ſuppléent à
l'abſence de l'original qu'elles repreſentent.*
Et apres : *Que pour ce qui regarde la façon de parler de cette matiere, notamment
dans les predications qui ſe font au peuple,
il ne faut pas dire que à toutes images doi-*

ment eftre adorées de l'adoration de latrie,
qui eft celle qu'on doit à la diuinité, mais
au contraire, il faut dire qu'il ne les faut
pas ainfi adorer. Neantmoins il adjoufte
en troifiéme lieu ; *Que pour ce qui eft de
la chofe mefme, on peut accorder que les
images peuuent eftre honorées ou feruies improprement, ou par accident, du mefme
genre de culte dont l'original mefme doit
eftre honoré ou ferui.* Ce qui eft vne mer-
ueilleufe maniere de prefcher, que non
feulement on cele au peuple la verité,
mais qu'on luy prefche le contraire. Car
proprement ou improprement, par elles
mefmes ou par accident, tant y a qu'elles
peuuent eftre honorées du culte deu à la
Diuinité, fi ce font images de la Diuinité
mefme. Ce donc qui fe peut & qui fe doit
faire en leur égard, pourquoy ne fe doit
il pas dire? Ou pourquoy enfeignera t'on
au peuple le contraire de ce qu'il faut
qu'il pratique? Il dit de plus, afin que perfonne ne s'y trompe ; *Que l'image ne doit
pas eftre adorée par elle mefme & proprement, du mefme culte duquel on honore
l'original, & partant qu'il ne faut adorer
aucune image par elle mefme & propremēt,
du culte que l'on nomme de latrie.* Finalement il conclut *Que culte qui par foy*

mefme & proprement eft deu aux images eft
vn certain culte imparfait, qui fe rapporte
analogiquement & reductiuement à la mef-
me efpece de culte qui eft deu à fon original.
Qu'ó me die vn peu icy au nom de Dieu,
comment nous pourrions faire entendre
au peuple toutes fes diftinctions, de *par*
foy & *par accident*, & *d'a caufe de foy*, &
d'a caufe d'vne autre chofe, de *proprement*
& *d'improprement*, *d'analogiquement* & *re-*
ductiuement, & ce que luy eft opposé, de
direct & *de propre*, de *culte parfait*, & de
culte imparfait, dont l'vn eft deu à *l'ori-*
ginal, & *l'autre à la coppie*? Qu'on me die
encor' au nom de noftre Seigneur, quand
nous aurons déployé toute l'addreffe de
nos efprits à l'interpreter au peuple, &
que Dieu luy aura donné plus de capacité que d'ordinaire il n'en a pour le comprendre, lors qu'il faudra effectiuement
fe profterner deuant les Images, cóment
& luy & nous pourrons nous garder en
nos efprits toutes ces diftinctiós, & comment pourrons nous fi bien partager les
mouuemens de noftre deuotion, que
nous ne foyons point fujets à nous y mé-
prendre? Car fi par vn mefme acte de
mon entendement i'honore l'Image &
fon original, comment pourra eftre mon

adoration directe & reflexiue, propre &
analogique, par foy & par accident, propre & impropre, terminée en l'image &
relatiue à l'original, de latrie & non de
latrie tout enfemble ? Et s'il faut que
cela fe falle par diuers actes de mon efprit, qui fe fuccedent les vns aux autres, comment pourray je fi bien en de-
terminer les mouuemens, que quand
i'adoreray l'image de Iefus Chrift proprement & à caufe d'elle mefme, de
cette forte de culte qui luy conuient,
ie ne falle aucune reflexion fur fon original, de peur de l'honorer d'vn culte infe-
rieur à fa dignité? Puis quand ie l'adoreray par accident, improprement & refle-
xiuement à fon original feulement, comment pourray-je fi bien faire que mon a-
me ne s'attache nullement à elle pourtant, de peur de luy rendre l'honneur qui
ne conuient qu'à la diuinité mefme ? Où
eft l'homme viuant qui ait fçeu fi bien
mefurer les operations de fon efprit, &
notamment en vne chofe fi ardente & fi
vehemente que doit eftre la deuotion,
que de ne confondre point ces idées?Ce-
pendant le moindre peché en cela eft
mortel, la moindre inconfideration qui
s'y commet, eft vn adultere de l'ame.Mais

pour n'entrer pas plus auant dans cette diſpute, ie me contenteray icy d'vne conſideration, qui, ie m'aſſeure, nous exemptera de blaſme enuers toutes perſonnes raiſonnables. Ceux de la bonne volonté de qui nous auons le plus de beſoin en diuerſes occaſions, ſont les Iuges & les Magiſtrats, à qui eſt commiſe l'adminiſtration de la Iuſtice en ce qui nous regarde. Et la Loy ſelon laquelle ils nous doiuent iuger, ſont les Edicts de nos Rois, & generalement toutes les conſtitutions qui ont eſté faites en faueur de nos Egliſes. Ie voudrois donc qu'ils me ſupportaſſent en la hardieſſe que ie prendrois de leur demander, en cas qu'il y euſt quelque article dedans les Edits par lequel quelque choſe nous fuſt auſſi clairement defenduë, que l'vſage des Images en matiere de pieté eſt defendu à tous les hommes par la Loy de Dieu, s'ils nous receuroient à excepter contre la defenſe par des diſtinctions & des interpretatiós ſemblables à celles qu'on apporte à ce commandement. Certes tout ce que nous pourrions attendre d'eux de plus moderé ſeroit, que ce n'eſt pas à nous à interpreter les Loix, mais à celuy qui les a faites, & que ſi on nous donne la liberté

d'eluder par nos diſtinctions la volonté
du Souuerain, nous auons aſſés d'inuention & de ſubtilité pour le faire ; en vn
mot, qu'il ſe faut tenir aux termes precis
de la Loy, & la pratiquer exactemét ſans
toutes ces chicaneries. Et la deſſus on
nous feroit incontinent des defences qui
couperoient dans la racine toutes nos
ſpeculations, & qui tireroient apres elles
des chaſtimens bien rigoureux, ſi nous
auions la hardieſſe de rien entreprendre
alencontre. Nous ſupplions donc ces
Meſſieurs par la charité de noſtre Seigneur, qu'ils ne nous vueillent point de
mal de ce que nous ne faiſons point enuers Dieu, ce qu'ils ne pourroient ſouffrir que nous fiſſions enuers eux, & ſi
nous redoutons encore plus la ſeuerité
de ſes iugemens, que nous ne faiſons la
leur en de telles occurrences. Comme
tant s'en faut qu'ils nous blaſmaſſent d'e-
ſtre religieux obſeruateurs de la Loy de
noſtre Prince, & timides à l'interpreter,
qu'au contraire ils nous en louëroient, &
iugeroient noſtre modeſtie digne de re-
cómandation ; ils ne nous doiuent point
ſçauoir mauuais gré de ce que nous ſommes ſcrupuleux en ce qui eſt de l'obſer-
uation des Loix du Souuerain Iuge du

Monde. Car la Majesté des Rois qui est imprimée dans leurs Loix, est à respecter tant & plus : mais la Majesté du grand Dieu dont il a mis l'emprainte en ses commandemens, l'est sans contredit beaucoup dauantage.

On pourroit icy douter si ie deurois mettre la doctrine du Purgatoire au nombre des points sur lesquels nous auons à faire nostre Apologie, pource que nous ne les croyons pas. Car il est bien vray qu'elle est extremément éloignée de nostre croyance, & est vray encore qu'elle est peut estre vne de celles pour la reiection desqvelles nous auons le plus encouru de haine à l'égard de quelques-vns. Mais ce ne sont pourtant pas ni les peuples, ni les Magistrats, ni les Grands, qui nous veulent du mal à cette occasion ; ce sont les Ecclesiastiques, & les Moines, & l'Euesque de Rome nottamment, à qui le renuersement de ce dogme peut autant preiudicier, que son établissement leur a apporté d'accommodement & d'vtilité. Car c'est là dessus que sont basties tant de bonnes & riches fondations, c'est de là que germe la necessité de tant de Messes, c'est ce qui a donné credit aux Indulgen-

ces

ces & aux Pardons, & fans cette opinion,
le trefor des Satisfactions, dont le Pape
garde la clef, feroit entierement inutile.
Quant aux autres de cette communion,
il y en a vne infinité qui ne croyent du
tout point de Purgatoire : & de ceux qui
le croyent, la plufpart le craignent plus
qu'ils ne l'aiment; de forte qu'ils ne doiuent point trouuer mauuais, que nous
ayons cherché dans la Parole de Dieu le
moyen de nous en affranchir.   Neantmoins pource que les Ecclefiaftiques &
les Religieux ont vne grande puiffance
fur les efprits des autres ordres de cette
communion, & que la haine qu'ils ont
conceuë contre nous à caufe de l'aboli-
tion du Purgatoire, les rend plus ardens
& plus animés à allumer celle que les autres nous portent pour d'autres occafions, il vaut mieux en dire quelque chofe en paffant, à ce que noftre iuftification
en foit plus complette. Certainement s'il
y auoit en l'Ecriture feulement quelque
ombre appaîéte d'éfeignemét qu'il nous
faut attédre quelque telle forte de tour-
ment apres cette vie, il faudroit tafcher
de refoudre nos efprits à en receuoir la
perfuafion, bien qu'elle doiue eftre accompagnée de beaucoup de douleur &

de chagrin. Car bon Dieu qu'eſt-ce que cela, qu'apres tant de miſeres qu'on a ſouffertes en ce monde icy, & au milieu des angoiſſes de la mort qui a accoûtumé d'eſtre ſi épouuentable, on nous vienne troubler l'imagination de l'apprehenſion d'vn feu horriblement cuiſant, dans les flames duquel nos ames doiuent eſtre tourmentées durant ie ne ſçay combien de ſiecles? Nous admirons la fermeté du courage des Martyrs, qui ont peu ſe reſoudre à la ſouffrance du feu pour deux ou trois heures tout au plus, & quand nous les nous repreſentons roſtir ſans ſe deſeſperer, l'idée ſeule de ce ſupplice d'vn coſté & de leur côſtance de l'autre, comble tout enſemble nos eſprits de tremeur & de merueille. Que doit-ce donc eſtre de ceux à qui on fait voir en mourant cét effroyable abiſme ouuert, ou le feu eſt incomparablement plus ardent que celuy que les Martyrs ont éprouué deſſus leurs buſchers, & auquel il n'y en a pas vn qui ne ſe doiue preſumer eſtre condamné pour tant d'années? Mais puis que la Parole de Dieu n'en parle point, & qu'il n'y a Docteur en la terre qui en oſaſt entrerendre la preuue par elle ſans la Tradiſion, quel mal nous peut on raiſonnable-
ti

ment vouloir si nous nous sommes par la
grace de Dieu deliurés de cette gesne?
Car pour ce qui est de la Tradition, i'ay
desia dit ailleurs que c'est chose qui ne
nous touche pas beaucoup, à cause de l'é-
loignement & de l'obscurité de ses sour-
ces, & de la côrestation que nous voyons
estre entre les sçauans touchant la pureté
ou impureté de ses ruisseaux, chacun des
partis pretendant que la Tradition est
pour luy. Ioint qu'il y a beaucoup plus
de raison de croire que le Purgatoire est
vne inuention de l'esprit humain, & vne
imitation des Payens, dans les écrits des-
quels les Docteurs de l'Eglise Romaine
ne nient pas qu'il ne soit tout du long,
comme dans Virgile & dans Platon, que
non pas vne doctrine du Christianisme.
La Religion Chrestienne estant en tou
tes ses autres parties destinée à la ioye &
à la consolation de nos esprits, & propre
pour les asseurer contre la crainte de la
mort, & de tout ce qui peut venir en sui
te, il n'y a du tout point d'apparence
qu'en celle cy elle se soit étudiée à rem-
plir nos cœurs d'alarme & d'épouuante-
ment. Ie diray quelque chose de plus.
Quoy que la Parole de Dieu n'en ensei-
gnast rien disertement, & que la Tradi-

tion y fuſt encore plus douteuſe , quoy
que le reſte de la religion ne s'y accordaſt
pas ouuertement , ſi nous voyïons que
l'aboliſſement du Purgatoire apportaſt
quelque diminution à la gloire de Dieu,
& de noſtre Sauueur, nous eſſayerions de
faire en ſorte que le zele que nous a-
uons pour eux , l'emportaſt par deſſus le
deſir que nous auons de nous procurer
contentement & ſatisfaction à nous meſmes. Car ſi l'on prend à gloire d'endurer
quelque choſe pour l'honneur des Princes ſouuerains , il ſeroit beaucoup plus
raiſonnable que nous ſeruiſſions à celuy
de noſtre Sauueur, & que pour cela nous
nous diſpoſaſſions aux ſouffrances les
plus redoutables. Mais quoy? Nous pro-
teſtons en la ſincerité de nos cœurs,
qu'outre l'intereſt de noſtre conſolation
& de noſtre paix, c'eſt celuy principalement de la gloire de noſtre Seigneur,
qui nous a fait entreprendre la deſtru-
ction de cét edifice.   Nous voyons que
l'Ecriture le nomme *noſtre Sauueur*, & ce
doux & precieux nom reſonne perpetuellement en la bouche de ſon Egliſe.
Elle dit qu'il a fait la *purgation de tous nos*
pechés, & n'excepte de cette expiation
aucune de nos offences. Elle proteſte

qu'il nous a deliurés de la *malediction,* &
que *deformais il n'y a plus de condamnation*
pour nous. Elle nous reprefente noftre
Seigneur introduifant le larron *en Para-*
dis dés le iour mefme de fa mort, & nous
promet qu'au *déloger de ce corps,* nous ferons recueillis dans le *domicile celefte.* En
vn mot elle éleue nos efprits vers la bien-
heureufe immortalité, & nous rejoüit à
la mort de l'efperance qu'elle nous en
donne. De forte que nous croirions trop
prejudicier à l'honneur de ce Redempteur & à l'efficace de fa Croix, fi nous
croïons que nous euffions encor à fouf-
frir quelques tourmens, & à faire quelque fatisfaction pour nos crimes. En effet en l'Eglife Romaine on exente les
Martyrs du Purgatoire par vn priuilege
fpecial. Si donc l'on pretend qu'ils en
doiuét eftre difpenfés à caufe de ce qu'ils
ont enduré, pourquoy ne le ferons nous
pas en vertu de la mort de Chrift, laquelle nous eft imputée? Eft elle moins digne
de nous obten r vne entiere exemption
de toute la péne de nos pechés, que les
fouffrances des Martyrs? Ou l'impata-
tion que Dieu nous en a fait afin de nous
racheter par là, eft elle moins efficace à
nous en deliurer que fi nous l'auions ac-

tuellement endurée ? Mais pour n'aller
par plus auant en la dispute, il ne semble
que Messieurs les Magistrats se doiuent
interesser auec nous en la defense de cette verité. Car ils condamneroyent d'in-
iustice vn creancier qui se voudroit faire
payer deux fois d'vne mesme debte: & se
condamneroient eux mesmes d'inhuma-
nité, s'ils punissoient deux fois vn mesme
crime selon la seuerité des Loix. Or nos
pechés sont comme debtes: Dieu comme le creancier: Iesus Christ comme nostre caution. Nos pechés sont veritablement des crimes: Dieu le Iuge de l'Vniuers: Iesus Christ le pleige de tous les Fideles. De sorte que leur pratique inuiolable en l'administration de la Iustice, &
la creance qu'ils doiuent auoir que Dieu
n'est pas moins iuste ni moins equitable
qu'eux, les conuie à prendre nostre parti
dans la controuerse que nous auons auec
les Moines & les autres Ecclesiastiques
pour cette creance. Car quant à la nouuelle inuention de quelques vns, que les
pénes du Purgatoire ne sont pas tant sa-
tisfactoires en elles mesmes, qu'applica-
tiues de la satisfaction de Iesus Christ,
c'est vne distinction que Messieurs les
Magistrats ne doiuent iamais gouster. La

raiſon en eſt qu'ils ne ſouſtienoient nullement que ni le payement ni la péne qu'vn autre a faic ou ſoufferte en qualité de pleige & de caution, fuſt appliquée au premier & vray debteur par vn autre ſecond payement, ou par vn autre nouueau ſupplice. Aſſurément ſi la iuſtice humaine receuoit les cautions en matiere de crime, elle ne ſouffriroit pas que ſi Meuius auoit eſté pendu au bois pour le forfait de Titius, de ſorte que par ce moyen il euſt eſté pleinement ſatisfait aux Loix, la ſatisfaction renduë par Meuius fuſt appliquée à Titius par la ſouffrance du foüet, ou par quelques années de galeres.

SECTION IV.

Que pour ne croire pas ni la Tranſſubſtan-
tiation, ni le Sacrifice de la Meſſe, ceux
de la Religion ne meritent point l'auer-
ſion de perſonne.

DE cette grande multitude d'articles pour leſquels il y a tant de diſputes entre les Chreſtiens depuis ſix ou ſept vingts ans, ie n'en produiray plus que

trois, pour n'estre pas long : la doctrine
de la Transubstantiation : celle du Sacrifice de la Messe. & celle de l'autorité de l'Euesque de Rome : à quoy i'ad-
iousteray quelques considerations sur
nostre separation de sa communion. Car
si ie puis monstrer, comme ie l'espere,
qu'il n'y a nulle raison de nous haïr à l'occasion de ces trois ou quatre chef ie me
fais fort de la reconciliation de nos plus
grands aduersaires en tout le reste. Pour
ce qui est de la Transubstantiation, le plus
grand, & peut estre l'vnique sujet de la
haine que nostre creance nous attire sur
ce poinct, est que nous ne voulons pas
rendre au Sacrement l'honneur que l'on
pense luy estre deu comme au Seigneur
Iesus Christ Dieu & homme tout ensemble. Nous ne l'accompagnons pas en
procession, nous ne nous prosternons
pas deuant luy quand nous le rencontrons, nous ne l'allons pas adorer dessus
les Autels dans les Eglises, en vn mot
nous ne le renons nullement pour Dieu;
ce qui offense merueilleusement ceux qui
l'adorent. Veritablement si c'estoit faute
d'affection enuers nostre Seigneur qui
nous portast à refuser au Sacremét l'honneur qu'on desire de nous, nous ne nions

pas que nous ne meritaſſions d'eſtre en horreur à tous les Chreſtiens. Car quel honneur ne doit-on point à celuy qui eſt Dieu benit eternellement ? Et de quel amour ne doit-on point reconnoiſtre la charité qui l'a induit à vouloir mourir pour nous entant qu'il eſt homme? Mais puis qu'on ne nous peut accuſer de cela, & qu'au contraire c'eſt l'extréme reſpeét & la deuotion ardente que nous auons pour Ieſus Chriſt, qui ne nous peut permettre de rendre ces honneurs à autre qu'à luy, il me ſemble qu'il eſt euident que c'eſt à tort qu'on nous haït pour ce ſujet, iuſques à ce qu'on nous ait monſtré que c'eſt opiniaſtreté & obſtination d'eſprit qui nous empeſche de croire que noſtre Seigneur ſoit par Tranſſubſtantiation en l'Euchariſtie. Ce que les Athées ſont en execration à tout le monde, c'eſt tres-iuſtement. Pource que Dieu ayant épandu par tout au Ciel & en la Terre tant de preuues indubitables de ſa diuinité, & la façon meſme de laquelle les hommes ſont compoſés, auec les facultés dont ils ſont doüés, leur en fourniſſant des argumens irrefragables, ils ne peuuent reuoquer en doute vne verité ſi conſtante, & dont la nature

meſme a mis tant de ſemences en nos eſprits, ſinon par vne obſtination volontaire, & qui découure manifeſtement la haine qu'ils ont contre Dieu. Car ils ne
croient pas qu'il y ait vn Dieu, pource
qu'ils ne le veulent pas croire, & ne le
veulent pas croire pource qu'ils voudroient qu'il n'y en euſt point. Ce que les
heretiques qui nient que noſtre Seigneur
Ieſus Chriſt ſoit Dieu, ſont en deteſtation à tous les Chreſtiens, c'eſt tres-iuſtement encor. Pour ce qu'il y a dans la Parole de Dieu tant & de ſi euidens témoignages de la Deïté de Ieſus Chriſt, que
ceux qui font profeſſion de receuoir cette parole, ne peuuent rejetter cette verité ſinon par vne incredulité affectée, qui
monſtre ou vne tacite haine, ou vn mépris tout ouuert de la Majeſté de ce grád
Sauueur Ce que les Iuifs ne le receurent
pas autrefois pour le Meſſie que les Prophetes auoyent promis, & que maintenant encor ils ne le reconnoiſſent point
pour leur Redempteur, c'eſt vn crime
qui merite la vengeance qu'ils ont ſoufferte de la main de Dieu, & l'indignation
qu'ils éprouuent de la part des hommes.
Ce bon & glorieux Seigneur a touſiours
monſtré dans ſa perſonne, & dans ſa do-

Ârine, & dans ſes aĉions, & monſtre
tous les iours en la verité de ſon Euangile, en la conduite de ſon Egliſe, & au
gouuernement de l'vniuers, tant & de ſi
expreſſes marques qu'il eſt celuy dont les
Saints oracles auoient parlé, qu'il ne peut
auoir eſté méconnu, & ne peut encor
eſtre reietté, ſinon par ceux qui ſon aueuglés de quelque paſſion deſeſperée. Mais
quand à nous, i'atteſte icy la conſcience
de tous les hommes, ſi on nous peut accuſer de quelque choſe de tel ſens vne
trop grande iniuſtice. Pour faire que noſtre Seigneur ſoit en l'Euchariſtie de la
façon qu'on le pretend, il eſt neceſſaire
que Dieu y produiſe ie ne ſçay combien
de miracles ſi grands & ſi extraordinaires, qu'il n'en a iamais fait de ſemblables,
ni par les Prophetes, ni par les Apoſtres,
ni par la main meſme de ſon Fils. Car
déja de conuertir du pain, qui eſt vne ſubſtance inamimée, en vn corps humain &
viuant & doüé d'vne ame agiſſante &
raiſonnable, c'eſt à quoy tous les ſiecles
precedens n'auoient rien veu de pareil.
A la verié Dieu a formé le premier homme de la terre, & a donné à cette matiere
des diſpoſitions & des organes qu'elle
ne pouuoit auoir que par vn miracle ſi-

gnalé. Mais il crea de rien l'ame qu'il y vouloit inspirer, & ne la tira pas de cette matiere terrestre. Icy il faut que le corps & l'ame de nostre Seigneur viennent de la substance du pain, si, comme le Concile de Trente l'a defini, toute la substance du pain est conuertie en toute la substance du corps du Sauueur du monde. Apres cela, il faut que Dieu conuertisse cette sustance en vne autre laquelle existoit déja auant que cette côuersion se fist, à quoy il n'y a encore iamais rien eu de semblable. Car s'il a conuerti la verge d'Aaron en serpent, ce serpent n'estoit point auparauant : & s'il a changé l'eau des nopces de Cana en vin, ce vin n'estoit point non plus auant cette transmutation. Au lieu que le corps de nostre Seigneur existe il y a desia plus de seize siecles. De plus, il faut qu'il fasse qu'vn corps humain qui garde toutes ses dimensions, de long, de large, & de profond, ne tienne point de place pourtant. Ce dont il n'y eut iamais aucun exemple. Car iusques à la Transsubstátiation on auoit tousiours mis cette difference entre les esprits & les corps, qu'aux vns on ne donnoit point de certain espace pour occuper, pour ce que les substances spirituelles n'ont ni quantité

ni

ni parties : mais quant aux autres on leur
auoit touſiours aſſigné vn certain lieu,
dont ils rempliſſoient les eſpaces par l'é-
tenduë des parties deſquels ils eſtoient
compoſés. Outre cela, il eſt neceſſaire
qu'il faſſe qu'vn ſeul & méme corps, qui
ne ſouffre point de diuiſion, ſoit en pluſieurs & comme infinis lieux diſtans l'vn
de l'autre tout à la fois. Ce qui n'étoit iamais tombé en l'imagination des hommes. Car on auoit touſiours creu que
comme les lieux diſtans de quelque interualle, ſont auſſi differens en nombre,
& ſe content par vn, & deux, & trois, ſelon la multitude qu'on s'en imagine, ainſi
les corps qui ſont en ces lieux differens,
different en nombre auſſi, & ſe content
de meſme que les lieux où ils ſe trouuent.
Au lieu que ſi ce qu'on dit de cette Tranſſubſtantiation eſt vray , on peut bien
conter les lieux ou eſt le corps de Ieſus
Chriſt, mais non luy , pource qu'il demeure touſiours vn, en quelque multitude de lieux qu'il ſe trouue en meſme moment. Il faut encore que Dieu faſſe que
les accidens d'vne ſubſtance telle qu'eſt
le pain & le vin, comme ſont la figure, &
la couleur, & la ſaueur, ſubſiſtent apres
que la ſubſtance eſt abolie, ſans auoir au-

Q

cun fondement de leur exiſtence ni au
corps de Chriſt, ni en aucun autre ſujet. Ce qui ne s'eſt iamais veu en aucune
autre occaſion. Car on auoit touſiours
creu que la couleur, & la figure, & lo
gouſt, dependoyent tellement de la ſub-
ſtáce en ce qui eſt de leur exiſtence, qu'ils
ne pouuoïent demeurer ſinon dans vn
certain ſujet. Et ce qui n'eſt pas moins
merueilleux, il faut par deſſus tout cela
que Dieu faſſe que les accidens d'vne ſubſtance telle qu'eſt le corps de Ieſus Chriſt,
exiſtent & reſident veritablement en leur
ſujet, ſans neantmoins l'affecter en aucune ſorte, de la façon de laquelle les accidens affectent naturellement la ſubſtance dans laquelle ils ſont. Car le corps de
Chriſt y doit auoir vne couleur, qui neāt-
moins ne le rend ni coloré ni viſible ; il y
doit auoir vne ſolidité, qui neantmoins
ne le rend nullement palpable : il y doit
auoir vne figure, qui neantmoins ne donne à ſes membres aucune configuration:
& ainſi de tous les autres accidens qui
l'accompagnent. Or depuis le commencement du monde on n'auoit rien connu
de tel, & n'y auoit eu iuſques à la Tranſſubſtantiation ſubſtance aucune en l'vniuers, que l'on ne qualifiaſt ſelon les acci-

dens & les qualités dont elle est enui-
ronnée. En fin il faut que Dieu fasse
qu'vn seul & mesme corps de nostre Seigneur, ait vne existence naturelle dans le
Ciel, & vne autre Sacramentelle en la
Terre, vn estat glorieux la haut, & vn autre contemptible icy bas; & qu'il se voye,
& qu'il se sente, & qu'il se croye assis en
magnificence à la dextre de Dieu, & que
neantmoins il se voye, & se sente, & se
croye entre les mains d'vn Prestre en
mesme temps : ce dont aucun des siecles
precedens n'a iamais fait l'experience.
Car iusques à la Transsubstantiation on
auoit tousiours creu que chaque chose,
qui n'est qu'vne, n'a qu'vne essence, ni
qu'vne existence par consequent ; & que
si elle à quelque connoissance & quelque sentiment de soy, elle ne peut pas iuger autrement d'elle mesme sans commettre des extrauagances. Iusques là que
les Comiques en ont fait des risées autrefois, qu'on a encore depuis peu portées
dessus le theatre en nostre langue. Or
n'auons nous que trois voyes de nous
persuader la verité des choses soit naturelles ou miraculeuses : c'est assauoir les
Sens, la Raison, & la Foy. Les Sens sont
pour discerner les choses sensibles ; com-

me les couleurs, & les figures, & les fons,
& les odeurs, & les faueurs, & toutes les
qualités qui tombent fous l'attouche-
ment. La Raifon eft pour connoiftre les
chofes intellectuelles defquelles nous
fommes naturellement capables, pour
les comparer les vnes aux autres felon les
rapports & les proportions qu'elles ont
entr'elles, & voir comment elles s'adju-
ftent, & comment elles fe contrarient,
pour les affirmer ou les nier, prononcer
cela eft vray ou cela eft faux, felon que
nous en apperceuons ou l'accord ou la
repugnance. La Foy eft pour acquiefcer
à l'authorité Diuine dans les chofes qui
furpaffent ou la comprehenfion, ou au
moins certes l'inuention de noftre intelligence, & qu'à cette occafion Dieu nous
a voulu reueler. Voyons donc fi l'on
nous peut accufer au fujet dont il s'agit
de n'vfer pas comme il faut de quelqu'vn
de ces principes de nos connoiffances.
Pour ce qui eft des fens, tous les noftres
nous perfuadent le contraire de ce qu'on
nous dit de la Tranffubftantiation. Nous
n'y voyons, n'y entendons, n'y flairons,
n'y gouftons, n'y touchons rien qui ne
nous attefte que c'eft du pain & du vin,
& non le corps & le fang du Sauueur du

monde. Les sens de ceux qui croyent la Transsubstantiation en iugent de mesmes que les nostres, & depuis l'institution de la premiere Cene du Seigneur iusqu'à maintenant, il en a tousiours esté ainsi, & en sera tousiours ainsi iusques à la consommation des siecles. Ie ne sçay si on appelle opiniastres ou insensés ceux qui ne se laissent pas persuader à l'experience qu'ils font de la nature des choses par le moyen de leurs sens. Aristote disoit qu'a ceux qui ne croyent pas que le feu soit chaud, il ne faut que le leur faire toucher. Si apres cela ils persistent encor en leur opinion, il n'importe pas beaucoup comment on les nomme. Mais tant y a que quant à nous on ne nous peut pas accuser ni de cette folie, ni de cette obstination, de resister determinément à la deposition de nos sens, puis que nous iugeons des choses conformement à la realité des qualités qu'ils nous en representent. Car nul ne nie que ce ne soyent là veritablement les accidens du pain & du vin, comme nos yeux & nostre goust, & nos autres sens nous en attestent. Pour ce qui est de la raison, c'est vne faculté superieure aux sens à la verité, & qui est destinée à nous rai l'bre-

ser de leurs erreurs quand il leur arriue
d'en commettre. Ainſi, encore que nos
yeux iugent qu'il y a de veritables couleurs en l'arc en ciel , ou qu'vn baſton
que nous auons mis droit en l'eau , y deuient vn peu courbé , ou qu'vne longue
allée ſe fait plus ètroite à meſure qu'elle
s'éloigne de nous, noſtre raiſon nous fait
croire le contraire pourtant, & nous per-
ſuade que cela vient des diuerſes reflexions & poſitions de la lumiere, de la diuerſité des deux moyens qui nous rapportent la repreſentation de l'objet,& de
ce que les rayons que l'on appelle viſuels
font en nos yeux les angles de leur rencontre plus ou moins aigus,à proportion
de la diſtance de l'objet ou ils ſe portent.
Et on appelle opiniaſtres & obſtinés
ceux qui s'attachent tellement à ce faux
iugement des ſens , qu'ils ne veulent pas
deferer à vne raiſon claire & euidente. Il
eſt vray que pource que de ſon coſté la
raiſon n'eſt pas infaillible,& qu'aſſés ſouuent il luy arriue de ſe tromper , on re-
dreſſe auſſi ſes manquemens par le témoignage des ſens. Comme quand vn
Philoſophe s'étant autrefois imaginé par
ie ne ſçay quelle bizarre ſpeculation de
ſa raiſon,qu'il n'y auoit point de mouue-

ment, quelqu'vn fe leua deuant luy, & fe
mit à fe promener en fa prefence. Et c'eft
encor ainfi que les Peripateticiens difpu-
tent en beaucoup de chofes contre les
Sceptiques, en leur faifant voir à l'œil &
toucher à la main la certitude des chofes
dont ils penfent pouuoir douter par le
difcours de la raifon. Ainfi ces deux facultés s'entr'aident l'vne à l'autre & s'in-
ftruifent mutuellement. Tellement que
côme ceux là font tenus pour des acaria-
ftres, qui fans vouloir écouter aucune raifon, deferent abfolumét tout à leurs fens;
ainfi tient-on pour des aheurtés ceux qui
fur quelque vaine imagination de raifon
reiettent l'atteftation des fens dans les
chofes les plus euidentes. Mais quoy
qu'il en foit, on ne nous peut icy imputer ni l'vn ni l'autre. Car puis que nos
fens ne fe trompent point en ce qui eft
de la Tranffubftantiation, & que veritablement ils nous rapportent les qualités
des chofes telles qu'elles font, nous n'a-
uons pas befoin que la raifon vienne à
leur fecours pour corriger leurs manquemens, & nous ne deferons à leur témoignage finon comme il faut, en croyant
que ce font les qualités du pain & du
vin, & non les accidens d'vne autre fub-

stance. Et quand il y auroit quelque chose à corriger au iugement que nos sens en
font, nous ne pouuons estre accusés d'o-
piniastreté , comme si nous n'vsions pas
assés de nostre raison pour le faire. Car
nous n'vsons de nostre raison sinon sur
les sujets qui luy sont proportionnés , &
ne soumettons point à son examen les
choses qui sont au dessus d'elle. Or n'y a
t'il comme ie croy personne en la Communion de Rome, qui voulust dire que
les mysteres & les miracles de la Transsubstantiation fussent proportionnés à
nostre raison, ni qui consentist qu'il nous
fust permis de croire ce qu'elle nous en
dicte. Au contraire, on nous blasme de
ce qu'en ces mysteres nous voulons trop
escouter la voix de la raison, & de ce que
nous ne deferons pas assés à vne autorité
superieure. Pour ce qui est de l'autorité,
nous en parlerons tantost : mais tant y a
que ce seroit vne chose bien estrange que
ceux qui ne donnent icy du tout rien ni
au sens ni à la raison, nous accusassent d'e-
stre opiniastres & arrestés à nos imaginations, en ce que nous taschons d'examiner les choses par la voye des sens &
de la raison , puis que d'ordinaire on
nomme de ce nom ceux qui ne les veu-

lent pas entendre. Au fonds, nous faisons tout ce que nous pouuons pour comprendre comment vne chose qui est, peut estre conuertie en vne autre qui est aussi, sans que celle-cy soit premierement abolie, ni qu'elle acquiere vn nouuel estre & nous n'y pouuons reüssir. Nous faisons tout l'effort dont nos entendemens sont capables, pour entendre comment vn corps humain peut estre d'vne iuste & naturelle grandeur, & que neantmoins il ne soit point besoin d'espace pour le contenir, & nous n'en pouuons trouuer le moyen. Nous partageons tant qu'il nous est possible les pésées de nos esprits pour côceuoir qu'vn corps soit en diuers lieux separés, & que neantmoins ce ne soit qu'vn mesme corps, & nous n'en pouuons venir à bout. Nous faisons en nostre pensée toutes les abstractions imaginables pour separer les accidens d'auec leur substance, & pour leur donner quelque subsistence à part, & nous ne pouuons si bien faire qu'ils ne se dissipent. En vn mot, nous taschons d'adjuster nostre intelligence à toutes ces merueilles là, & tousiours nostre raison y fait vne inuincible resistance. Nous faisons encore dauantage, afin d'éloigner dautant plus de

nous tout soupçon d'obstination. Nous
cherchons dedans les écrits des Docteurs de l'Eglise Romaine quelques
aides à nostre conception, & nous y trouuons à la verité force subtilités, force distinctions, force speculations Scholasti-
ques, par lesquelles ils essayent de diminuer l'étrangeté que nostre raison trouue
là dedans. Mais plus nous nous y alambi-
quons l'esprit, & moins nous y trouuons
de satisfaction: plus nous nous efforçons
de les saisir, & plus échappent-elles à nostre comprehension, & s'éuanoüissent en
fumée. Nous accuserions volontiers la
tardiueté de nos esprits, dont le mouuement ne seroit pas assés agile pour attra-
per des choses si minces, & qui ont si
peu de solidité, sinon que nous trouuons
que nous sommes faits comme les autres,
& qu'en toutes autres matieres nous ne
voyons pas que ces Messieurs aillent plus
auant que nous, & que depuis plus de
cent ans qu'il y a eu de toutes sortes de
gens parmi nous, & plusieurs doüés d'vn
tres-excellent entendement & tres-exer-
cité en toutes choses, quelqu'vn sãs doute les eust entenduës si elles eussent esté
intelligibles. Ce qui nous fait croire que
ceux mesmes qui les proposent, le font,

comme diſoit l'Archeueſque de Cologne
au Concile de Trente, *Non intendendo la
materia, mà per conſuetudine & habito di
Schola.* Aſſeurement, s'ils en vouloient
dire la verité, ils adɓouëroient que ce
n'eſt qu'vne routine d'Ecole, en laquelle leur memoire agit, & leur imagination
court apres certains petits fantoſmes, ou
quand la raiſon fait veritablen ent ſon
office, elle ne trouue pas meſme la moindre ombre d'vn vray corps. Ny euſt-il
que cette propoſition là, qu'vn ſeul &
meſme hôme peut s'acheminer à Orient
& à l'Occident en meſme moment, &
venir en fin en tournant par diuers che-
mins au deuant de luy meſme, & ſe trouuer luy meſme front à front, & s'il continuë d'aller, ſe penetrer par toutes les
parties de ſon corps, & auoir, comme
Ianus, des viſages à double rencontre,
puis en continuant ſon chemin ſe ſeparer
de ſoy meſme encor, & s'il luy prend enuie d'aller au Septentrion & au Midy en
meſme temps, ne ſentir au Midy la chaleur du Soleil ſinon à proportion de ce
que la froideur du Septentrion luy fera
de la reſiſtance, il y en auroit aſſés pour
nous faire croire qu'ils s'égayent, &
qu'ils nous debitent ces gentileſſes com-

me on fait la Metamorphofe d'Ouide
aux petits enfans. A cela donc que ferions nous? Car puis que noftre confcience nous rend témoignage que ce
n'eft pas opiniaftreté qui nous empefche
d'accommoder noftre raifon à tout cela
pour en receuoir la perfuafion, quel fujet de mauuaife volonté peut-on auoir
contre nous fi nous ne nous y pouuons
refoudre? Refte donc maintenant la Foy,
qui a pour obiet la reuelation de la Parole de Dieu, dans laquelle fi nous fça-
uions certainement que ce myftere euft
efté reuelé comme on le pretend, alors
certes nous trouuerions nous bien enfer-
rés entre nos fens & noftre raifon d'vn
cofté & la reuelation de Dieu de l'autre.
Car il eft bien vray que fon autorité eft
abfolument fouueraine, & que c'eft
crime que d'y refifter. Mais neantmoins
pource qu'en toutes les autres parties de
la Religion, il fe fert du miniftere de nos
fens pour nous inftruire, & que mefmes
il n'y rejetto nullement l'entremife de
noftre raifon, il y auroit beaucoup de fujet de s'eftonner qu'il en ruinaft entierement les fonctions & les operations en
cette matiere. En fin pourtant nous re-
connoiffons qu'il faudroit que l'vn &
l'autre

l'autre cedaſt à la Foy , ſi le témoignage
de la reuelation eſtoit entierement irre-
fragable. Or eſt il vray que noſtre Seigneur a dit, *Cecy eſt mon corps* ; & nul des
Chreſtiens ne le conteſte. Mais auſſi nul
ne ſçauroit il nier que cette parole ne
puiſſe auoir deux ſens; l'vn propre, comme l'Egliſe Romaine la prend ; l'autre
metaphorique & figuré , comme les Reformés l'entendent. Car qui peut douter que comme ces mots , *la priere eſtoit
Chriſt.* 1. Cor. 10. ont cette intelligence
en S. Paul, *la Pierre eſtoit la figure de Ieſus Chriſt* ceux-cy , *le pain eſt le Corps de
Chriſt* , ne puiſſent auoir celle-cy pareillement, *le pain eſt la repreſentation* , ou
comme dit S. Auguſtin , *la figure du corps
de Chriſt* , & qu'ils ne preſentent ainſi à
l'intellect vne idée fort raiſonnable ? De
fait Bellarmin diſputant contre toutes les
autres interpretations qu'on apporte à
ces paroles de noſtre Seigneur, dit nettement qu'il n'y a que celle de l'Egliſe Romaine ou la noſtre qui leur puiſſent con-
uenir, & ne conteſte nullement que ſi on
n'a égard ſinon à la forme de s'enoncer,
cette propoſition , le pain eſt le corps de
Chriſt , ne puiſſe receuoir vne expoſition
metaphorique. On ne peut donc nous

accuſer d'obſtination contre cette reuelation, iuſques à ce qu'on nous ait clairement iuſtifié lequel des deux il faut embraſſer à l'excluſion de l'autre. Car nous voyons que de tous les miracles que Dieu a faits, aucun n'a iamais dementi le témoignage des ſens. Au contraire, il a neceſſairement falu qu'ils ayent tres viuement & tres certainement conuaincu les ſens pour ſe faire croire miracles. Il y a plus. Iamais Dieu n'a fait aucun miracle qui ait choqué la raiſon. Car il eſt bien vray que tous les miracles ont quelque choſe au deſſus de la raiſon, en ce que la raiſon eſtant la faculté qui eſt deſtinée à comprendre les proportions naturelles qui ſont entre les choſes, & particulierement entre les cauſes & leurs effets, comme entre la chaleur du feu & l'action de brûler, nous voyons que certains tels effets ſe produiſent ſans telles cauſes, & ne voyons point de telles naturelles proportions entr'eux & la cauſe qui les produit, qui eſt l'operation de la Diuinité. Car cette puiſſance de Dieu n'eſt point determinée à certaine ſorte d'effets par aucune qualité, comme le feu l'eſt à bruſler par ſa chaleur, & le Soleil à éclairer par ſa

lumiere. Elle est au dessus de cette deter-
mination, & contient tellement en soy
par eminence toutes sortes de facultés &
de vertus, que neantmoins quand elle se
déploie en quelque operation, nous n'en
conceuons en façon du monde la maniere. Mais tant y a que si vous mettés à part
la consideration de la cause qui produit
les miracles, & que vous les consideriés
en eux mesmes quand vne fois ils ont esté
faits, il ne s'en est iamais fait aucun dont
la constitution ne se soit parfaitement
bien accordée auec la raison. L'eau qui
fut conuertie en vin, auoit apres sa transmutation vne certaine quantité qui rem-
plissoit certains vaisseaux ; elle estoit en
vn certain lieu determiné, & n'estoit nullement en l'autre; elle auoit le goust & la
force du vin, & verifioit sa transmutation
par là, elle auoit perdu les accidens de
l'eau, & ils n'y subsistoient plus sans substance : bref, la raison admiroit bien
la cause de ce miraculeux euenement,
mais en l'euenement mesme il n'y auoit
rien d'extrauagant, ni hors des termes de
la constitution du vin, telle qu'elle doit
estre par les loix de la nature. Au lieu
qu'en la Transsubstantiation ce n'est pas
tant la vertu à laquelle on attribuë l'effet,

qui donne de l'admiration, que l'estre
mesme de la chose produite, qui choque
toutes les reigles de la raison & de l'intelligence. Ioignès à cela que nostre Seigneur semble auoir pris plaisir à ces façons de parler, tant il s'en sert ordinairement. Il dit, qu'*il est la porte*, qu'*il est le
chemin*, qu'*il est le sep*, que son Pere *est le
vigneron*; & le Vieil & le Nouueau Testament n'ont rien de plus frequent que
cette locution, par tout ou il s'agit de
choses qui sont destinées à la representation des autres. Les sept vaches *sont sept
années*, & les sept épics pareillement: les
sept chandeliers d'or *sont sept Eglises*, &
les sept étoiles *sont sept Anges* : & ces façons de s'exprimer sont vsitées en toutes
langues. La carte de la France *est la France*, au langage de tout le monde, & l'image du Roy *est le Roy*; le Crucifix *est Iesus
Christ*, & quand il nous arriue de parler
ainsi, nul ne se figure des miracles. Peut-
on donc accuser d'opiniastreté ceux qui
aiment mieux embrasser vne interpretation facile, vsitée en toutes nations, familiere & commune dans les propos de
nostre Seigneur, & qui n'a rien de contraire aux sens, ni de repugnant à la raison, qu'vne qui ne peut subsister si Dieu

ne renuerſe la nature des choſes tout à
fait, s'il ne démonte tout ce qu'il y a de
certitude au iugement de la raiſon, & s'il
ne met en trouble & en erreur tout ce
qu'il y a de plus aſſeuré dãs les fonctions
de nos ſens pour la cõnoiſſance des choſes ? Mais quoy ? Il ne faut que rapporter icy les paroles du Cardinal Caietan,
perſonnage de grande reputation en ſa
Communion, pour nous abſoudre pleinement d'eſtre obſtinés en cette matiere.
C'eſt vne choſe qu'il faut ſçauoir , dit il,
en écriuant ſur la Somme de Thomas,
que de l'autorité de l'Eſcriture ſainte tou-
chant l'exiſtance du corps de Chriſt au
Sacrement, on n'a autre choſe d'exprés ſi-
non la parole du Sauueur, diſant , Cecy eſt
mon corps. Car il faut que ces paroles ſoiẽt
vrayes Et d'autant que les paroles de l'E-
criture Sainte s'expoſẽt en deux façons; c'eſt
à ſçauoir, ou proprement ou metaphorique-
ment , le premier erreur ſur ce ſuiet a eſté
de ceux qui interpretent ces paroles de no-
ſtre Seigneur metaphoriquement , lequel er-
reur le Maiſtre des Sentances traitte en la
diſtinction 10 liu. 4. qui auſſi eſt reietté en
cét article de Thomas : & la force de la
raiſon pourquoy on le reiette conſiſte en ce
que les paroles de noſtre Seigneur ſont par

l'*Eglise* entenduës proprement, & partant
il faut qu'elles soient verifiées proprement.
Or ie di par l'*Eglise*, pource qu'il ne paroist
rien en l'*Euangile* qui force à entendre ces
paroles proprement: car par ces mots que le
Seigneur a adioûtés, *Qui est donné pour*
vous en remiſſion des pechés, on ne peut
pas conclurre euidemment que les paroles
precedentes doiuent estre entenduës proprement. Car cette parole, *qui*, n'est pas em-
ployée pour monstrer la conionction de l'attribut auec le suiet, mais pour monstrer
l'attribut, c'est à dire, mon corps; ce qui
n'empesche pas que la proposition precedente
ne se trouue vraye, estant prise en vn sens
metaphorique seulement. Comme là ou l'A-
postre dit, *Or la pierre estoit Christ, quand*
il eust adioûté, Qui a esté crucifié pour
nous, qui est ruſſuſcité pour nous, qui
est monté au Ciel, *en disant*, Or la pierre estoit Christ, qui a esté crucifié pour
nous, &c. *cette proposition precedente*, Or
la pierre estoit Christ, *ne laiſſeroit pas de*
s'entendre metaphoriquement & non pro-
prement: semblablement en ce qui se propose & dont il s'agit en ces paroles de nostre
Seigneur, cecy est mon corps, qui sera
liuré pour vous, *de cette addition, qui se-*
ra liuré pour vous, *la premiere propoſi-*

tion n'eſt pas reſtrainte à vn ſens propre, mais ne laiſſeroit pas d'etre vraye quand meſme elle ſeroit priſe en vn ſens metaphorique ſeulement. Et c'eſtoit l'opinion de quelques Theologiens au Concile de Trente, qu'il ne faloit pas fonder la doctrine de la Tranſſubſtantiation deſſus ce paſſage, comme s'il eſtoit ineuitablement neceſſaire de l'interpreter ainſi, mais ſur la tradition de l'Egliſe en vertu & par l'autorité de laquelle elle l'a ainſi entendu. Pourquoy donc nous accuſeroit on d'op niaſtreté, en ce que nous ne pouuons gaigner ſur nous d'entendre ces paroles en ce ſens, veu que par l'adueu meſme de quelques Theologiens celebres en la communion de Rome & de quelques Cardinaux, elles ſe peuuent prendre en vn qui n'eſt pas moins clair ni moins certain, & qui s'accorde mieux auec la raiſon en toutes manieres ? Car quant à ce qui eſt de l'autorité de la Tradition, nous auons vne infinité de preuues en l'Antiquité, que pluſieurs ſiecles depuis la naiſſance du Chriſtianiſme, l'Egliſe n'a rien creu de tel. Quand les preuues en ſeroient moins euidentes qu'elles ne ſont, il y en a aſſés pourtant pour rendre, notamment en ce point, la

Tradition douteuſe. Quand elle ſeroit
moins douteuſe , nous voyons vne ſi
grande difference entre la probabilité
qu'il y a que les hommes ſe ſoient trompés , & que Dieu faſſe tant & de ſi prodi-
gieux miracles tous les iours , que nous
ne pouuons comprédre comment on nous
pourroit condamner, ſi nous ne croyons
pas ſi toſt des choſes de cette nature, dót
il n'y a aucun exemple dans tous les ſiecles precedens, que nous croyons que les
hommes ſe ſont abuſés , veu que nous a-
uons tant d'experiences de leur inclination à l'erreur en tous temps & en toutes
choſes. Neantmoins s'il n'eſtoit queſtion
que de la vie ciuile ou d'vne loy politique ſeulement , peut eſtre que le deſir &
l'intereſt que nous auons de nous reconcilier la bien veillance de nos Superieurs
& de nos compatriotes, nous porteroi à
quelque condeſcendance Non que nous
peuſſions obtenir de nous meſmes de
croire la Tranſſubſtantiation. Car nous
ne ſommes ni les maiſtre de nos ſens qui
nous rapportent les choſes telles qu'elles
ſont, & non telles que peut eſtre les vou-
drions nous bien eſtre : ni les dominа-
teurs de noſtre raiſon, pour luy commάn-
der de croire ce qu'elle void contredit

par des preuues auſſi euidentes que des
demonſtrations ; ni les auteurs de noſtre
foy, pour luy faire embraſſer d'autres objets que ceux qu'elle void & qu'elle con-
noiſt certainement eſtre de reuelation
diuine. Mais au moins ferions nous peut
eſtre quelque eſpece de ſemblant que
nous n'y auons point d'auerſion, & diſſi-
mulerions tant que nous pourrions le
mécontentement de noſtre raiſon, pour
nous accommoder en vne meſme communion auec ceux qui font profeſſion de
croire toutes ces merueilles. Il y a quelquesfois certaines opinions populaires
auſquelles les ſages ne s'oppoſent pas
ouuertemét, quoy qu'ils les reprouuent
en l'interieur, pour ce qu'il eſt ou inutile,
ou meſmes aſſés ſouuent dangereux de
nager contre les torrens, & que c'eſt mal
vſer de la raiſon, que de l'expoſer a eſtre
foulée aux pieds par ceux qui ſont aueuglés de leurs preiugés, ou à qui la nature
n'a pas donné aſſés de capacité pour l'entendre. Si meſmes il n'eſtoit queſtion
que d'vn erreur qui ne fuſt pas de grande
conſequence en la Religion, & particulierement qui n'apportaſt aucune altera-
tion au culte de la Diuinité, peut eſtre y
conniuerions nous encor, & que l'amour

de la Paix l'emporteroit par deſſus celuy
de la Verité, au moins pour ne pas rompre la communion, & pour laiſſer dans
leurs ſentimés ceux qui nous laiſſeroient
dans les noſtres. Car il faut ſupporter
beaucoup de choſes en autruy, quand de
ſa part il ne vous attreint à rien qui choque l'honneur de Dieu, & la paix de la
conſcience. Mais il y va du ſeruice de noſtre Seigneur, qu'il nous eſt abſolument
impoſſible de deferer au Sacrement, tel
qu'on le deſire de nous, tandis que nous
ne ſommes pas perſuadés de la Tranſſubſtantiation, ſans que noſtre conſcience
nous conuainque d'vne idolatrie inexcu-
ſable. Et il y va du ſalut eternel & de nos
corps & de nos eſprits, dont nous croirions qu'vne telle action commiſe contre noſtre conſcience nous priueroit iuſtement, pour eſtre precipités dans vne
perdition entieremé irremediable. Partant nous ſupplions tout le monde de
conſiderer auec quelle equité on peut
deſirer de nous vne ſi pernicieuſe & ſi
criminelle complaiſance. Nous eſtimons
qu'en la Communion de Rome il y a vn
peril manifeſte pour le ſalut, à cauſe qu'ó
y adore du culte de la Diuinité, ce qui
n'eſt pas Dieu. On s'excuſe ſur ce qu'on

croid qu’on n’y adore rien de cette efpece de culte, qui ne foit Dieu veritablement. Et fi on ne le croyoit ainfi, on pro-
tefte qu’on n’y adoreroit pas le Sacrement. Cette excufe ne peut eftre bonne,
finon que les preuues fur lefquelles on
fonde cette creance, foyent fi certaines &
fi euidentes, qu’il n’y ait pas moyen d’y
refifter. C’eft donc à ceux qui ont receu
cette perfuafion, que l’Hoftie eft vraye-
ment Dieu, à les bien examiner, afin de
ne fe tromper pas en vne chofe de telle
importance. Ceux de la Communion de
Rome nous croyent perdus fans reffour-
ce, pource que nous n’adorons pas le Seigneur Iefus au Sacrement. Nous nous
excufons fur ce que nous ne croyons pas
qu’il y foit. Et proteftons que fi nous en
auions vne autre opinion, nous ne manquerions nullement de luy rendre toute
forte de veneration, felon fa dignité in-
comprehenfible. C’eft à nous à nous bien
examiner, à ce que ne foit ni paffion ni
opiniaftreté qui nous empefche de voir
la verité des preuues qu’on nous allegue.
Et ie m’affeure que ce que ie viens de reprefenter nous garentift affés de cette im-
putation. Comme donc ce feroit iniu-
ftice à nous fi nous voulions obliger les

Catholiques à n'adorer pas le Sacremét,
que premierement nous ne leur euſſions
monſtré par des preuues indubitables
qu'il n'eſt pas D eu, puis que nous ſommes ainſi diſpoſés que ſi nous croyïons
qu'il fuſt Dieu, nous l'adorerions ſans
doute : ce ne peut eſtre iuſtice à eux de
nous vouloir obliger à adorer le Sacrement, iuſques à ce qu'ils nous ayent per-
ſuadé qu'il eſt Dieu, puis que telle eſt la
diſpoſition de leurs eſprits, qu'ils ne l'a-
doreroient iamais s'ils n'auoient de luy
cette creance.

Le Sacrifice de la Meſſe eſt vne doctrine
que nous ne pouuons receuoir, principalement pour deux raiſons. L'vne, qu'elle preſuppoſe la Tranſſubſtantiation, laquelle nous ne croyons pas. L'autre, que
nous tenons ce ſacrifice non ſeulement
pour inutile, car ce ſeroit peu de choſe
s'il n'y auoit rien de plus ; mais encore
pour iniurieux à l'honneur du ſacrifice
de la Croix du Sauueur du monde. Et
quant à la premiere de ces raiſons, puis
que nous ne pouuons croire la Tranſſubſtantiation, & qu'il n'y a nulle perti-
nente raiſon de nous blaſmer à cette cauſe, il vient neceſſairement en conſequence que la rejection du Sacrifice ſoit à no-

　　　　　ſtre

ſtre égard exempte de blaſme. Car puis
que de l'adueu de nos Aduerſaires il ne
peut eſtre de Sacrifice de la Meſſe ſans
Tranſſubſtantiation,& puis que, comme
ie viens de monſtrer, il n'y a point d'opiniaſtreté à ne croire point la Tranſſubſtantiation, ni de ſujet de mauuaiſe volonté de la part des gens raiſonnables, il
n'y en peut auoir non plus à ne croire
point le Sacrifice qui a ce dogme pour
fondement. Quant à la ſeconde, afin
qu'on n'ait pas cette opinion de nous
que nous ſoyons mal-aiſés à contenter,
& que nous cherchions de gayeté de
cœur matiere de diuiſió & rupture, apres
qu'on nous aura monſtré qu'il faut neceſſairement receuoir la doctrine de la
Tranſſubſtantiation,car c'eſt vne prealable inéuitable, nous nous ſatisferons volontiers ſi on nous répond ſuffiſamment
à cette difficulté ſur le Sacrifice. Car bien
qu'il y ait vne infinité d'autres preuues
de noſtre doctrine en cette matiere , &
que l'Epiſtre aux Hebrieux y fourmille
de paſſages euidens, la ſolution de cette
ratiocination ſuffira pour mettre à couuert l'intereſt de la Croix du Sauueur du
monde. Ou bien le Sacrifice fait en la
Croix nous a plènement rachetés de nos

pechés, ou non. S'il nous en a rachetés, c'est chose inutile de tascher de faire vne chose desia faite, & iniurieuse à celuy qui l'a entreprise, comme si elle ne l'estoit pas. S'il ne nous en a pas rachetés, c'est ou pource qu'il ne l'a pas peu, ou pour e que Christ ne l'a pas voulu. S'il ne l'a pas peu, comment l'expiation qui n'a peu se faire en la Croix, se pourra t'elle paracheuer en l'Eucharistie? Et quelle asseurance auons nous de nostre Redemption, si la mort de nostre Seigneur n'a peu satisfaire plénemét à la iustice de Dieu son Pere? S'il l'a peu & qu'il ne l'ait pas voulu, qui asseurera que ce qu'il n'a pas voulu faire en la Croix, il le vueille faire en la Sainte Cene ? La celebration de ce Sacrement porte t'elle plus de marques de la bonne volonté qu'il a pour nostre Redemption, que la souffrance d'vne Croix maudite & ignominieuse ? Il est vray qu'on distingue encor icy entre Sacrifice de redemption & Sacrifice d'application & de representation. Mais cela ne satisfait pas à nostre demande. Car ou bien ces representations & ces applications font vne effectiue & actuelle propitiation de nos pechés, en satisfaisant à la iustice de Dieu, ou non. Si on pretend qu'elles en font, il

faut retourner à respṍdre à la raison pre-
cedéte, & soudre cette difficulté,si Christ
nous a rachetés, ou ne nous a pas rachetés en la Croix. Si on ne le pretend pas,
pourquoi ceux qui distinguent aussi nous
veulent ils persuader ce qu'ils ne se per-
suadent pas eux mesmes ? Et puis qu'ils
ne croyent pas qu'en la Messe il se fasse
aucune reelle expiation,quel sujet d'indignation peuuent ils auoir contre nous si
nous n'y pouuons non plus consentir ?
Qu'ils nous souffrent donc s'il leur plaist
mettre toute nostre esperáce en la Croix
de nostre Sauueur,& ne reconnoistre autre oblation propitiatoire de nos pechés,
sinon celle qu'il y a offerte. Qu'ils ne nous
veillent point de mal si nous ne pouuons
digerer qu'on adiouste à la plenitude de
sa satisfaction , comme si la redemption
que nous auons en elle estoit imparfaite.
Qu'on ne nous impute point comme vn
defaut de pieté , que nous ne donnons
point de compagnons à nostre Seigneur
Iesus en sa charge de Sacrificateur.Qu'on
ne nous tourne point à crime cette res-
pectueuse timidité qui nous empesche
de nous ingerer à faire des oblations ausquelles nous ne voyons point que la vocation de Dieu nous appelle. Bref qu'on

S 2

ne trouue ni étrange ni mauuais si ayant
deuant nos yeux de si memorables exemples de la vengeance de Dieu sur ceux
qui ont osé entreprendre sur la Sacrifi-
cature d'Aaron, que les flammes de Dieu
les ont consumés, & que pour les en-
gloutir la terre s'est entre-bâillée, nous
craignons de rien attenter à la Sacrifica-
ture de Christ, dont la sainteté est plus
grande sans comparaison, & la majesté
plus inuiolable.

SECTION VI.

*Que ceux de la Religion ne sont point di-
gnes d'auersion, ni pour ne deferer pas à
l'autorité de l'Euesque de Rome comme
il le veut, ni pour s'estre separés de la
communion de l'Eglise Romaine.*

L A cause de cette auersion
qu'vne grande partie des
peuples, & quelques vns
de ceux qui sont en autorité,
& quasi generalement tous
les Ecclesiastiques ont contre nous, peut
bien estre en ce que nous ne croyons
pas toutes les choses qui sont reçeuës en

la Religion de Rome. Mais ie suis tres-
asseuré que quand au Siege Romain, la
haine implacable qu'il nous porte, & les
persecutions qu'il suscite contre nous
par tout ou il le peut, ont pour principal
& peut estre pour vnique motif, que
nous ne voulons pas reconnoistre sa puissance. Car il voudroit qu'il luy en eust
cousté le Purgatoire, & la Transsubstantiation, & le Sacrifice de la Messe encor,
& tout ce que le commun tient de plus
sacré & de plus inuiolable en sa religion,
& que toute l'Europe fust bien reünie
dessous son autorité, tellement que le
parti Catholique & le Reformé luy pre-
stassent leurs forces coniointement pour
s'assujettir l'Afrique & l'Asie. Apres cela
il voudroit disposer des parties les plus
éloignées de l'Orient & de l'Occident,&
de fait il a entrepris en ces derniers temps
de donner le droit de conquester les vnes
& les autres Indes. Et ie ne parlerois pas
si hardiment de ce genie de domination,
qui depuis Romulus iusqu'à maintenant
a tousiours esté inseparablement attaché
au Capitole, si les Cours Souueraines de
cét Estat ne l'auoient expressément remarqué, & si elles ne s'estoient oppo ées
à ses entreprises par la generosité de leurs

Arrefts encore depuis peu d'années. Or
fi l'ambition de ce Siege le porte à nous
haïr à cette occafion, tant s'en faut que
ceux qui ne font pas menés de mefmes
interefts, doiuent imiter fa paffion, que
toutes fortes de gens nous deuroient aimer de ce que nous combattons fa puiffance. En effet, il en affecte de deux
fortes. L'vne temporelle, deffus les Eftats
politiques : & l'autre fpirituelle, fur les
confciences des Chreftiens. Quant à ce
qui eft de celle cy, il faut que ie repete icy
ce que i'ay déja dit ailleurs, que mon intention n'eft pas d'entrer dedans la Controuerfe. Ie diray feulement qu'on ne
doit pas trouuer étrange fi nous ne luy
voulons pas deferer toute l'autorité qu'il
s'attribuë en cèt égard , puis que plufieurs de fa cómunion la trouuent exor-
bitante. Pour exemple, fi on l'en croyoit,
il auroit pareil pouuoir de pardonner les
pechés que noftre Seigneur Iefus , non
pas comme miniftre de fa grace & de fa
paix, qui dit, *Si vous croyés & fi vous*
vous repentés, vos pechés vous font pardon-
nés, ce qui eft la voix de l'Euangile: mais
comme Prince Souuerain en l'Eglife
de Dieu, à qui il appartient de retenir &
de remettre les pechés auec plenitude de

puissance. Or qu'elle apparence y a-t'il
de souffrir cette presomption en vn homme mortel, que chacun sçait estre pecheur comme nous, & qui quelque fois
surpasse les autres pecheurs en atrocité
de crimes ? S'il ne met pas en auant cette
plenitude de puissance ordinairement si
cruëment, que de ne faire dépendre la remission des pechés d'aucune condition,
quoy que chacun sçait que, *Sic volo, sic
iubeo*, est la plus ordinaire loy de son
empire, les conditions sous lesquelles il
la promet ne monstrent pas moins sa presomption, que s'il le faisoit d'vne autorité absolument souueraine, Car il ne dit
pas, *si vous croyés, & si vous vous repentés, vos pechés vous seront pardonnés*, en
quoy il se monstreroit Seruiteur de Iesus
Christ ; mais, *si vous dites tant de fois vne
telle oraison, si vous venerés les reliques d'vn
tel Saint, si vous visités telle ou telle Eglise.*
A ce qu'il paroisse que c'est luy qui a le
droit & l'authorité de faire des loix, à
l'obseruation desquelles il attache & la
promesse & la remuneration, & la menace de la punition, comme bon lui semble.
Il est vray qu'il ne dit pas ouuertement
qu'il abroge la Loy de Christ. Mais tant
y a que puis qu'il en ordonne de nouuel-

les aufquelles noftre Seigneur n'a iamais
penfé, & qu'il promet à ceux qui les ob-
ferueront la mefme remuneration que
celle que Iefus Chrift fait efperer à ceux
qui garderont les fiennes, il s'attribuë en
l'Eglife vne puiffáce auffi abfoluë que celle de Iefus Chrift. Or de qui eft ce que
cela ne choque point l'entédemét, qu'vn
fimple homme, & mortel, & pecheur,
s'en vueille tant faire accroire? Il paffe
mefmes en quelque façon au delà do noftre Seigneur en la diftribution de fes re-
com penfes. Car ou bien noftre Seigneur
a promis vne mefme remuneration vniuerfellement à tous les croy ans, ou s'il y
a mis quelque inegalité, tant y a qu'il en a
remis la reuelation au dernier iour, &
qu'il n'a point defigné les perfonnes particulieres à qui vne plis grande mefuro
de gloire eft affignée. Au lieu que l'Euefque de Rome pretend auoir le droit de
diftribuer les couronnes de là haut, en
faifant les vns *Saints*, & fe contentant de
faire les autres *Bien-heureux* & leur affi-
gne leur culte religieux proportionné à
l'eminence de ces degrés, ainfi qu'il plaift
à fa *Sainteté* & à la *Beatitude* Pontificale.
Qui nous accufera d'incredulité ou d'o-
piniaftreté fi nous ne pouuons croire

que ceux là difpenfent la gloire & la felicité de là haut, de qui leurs propres hiftoriens difent qu'ils n'y ont point de part; & que Baronius & Genebrard ne traittent point autrement que comme des Apoftats & des monftres ? Il ne fe contente pas de faire plus que noftre Seigneur n'a fait en cela, il défait ce que noftre Seigneur a fait & conftitué en autres chofes. Ie vous prie à quoy faire les Difpenfes qu'il diftribuē ainfi qu'il luy plaift, finon à monftrer qu'il a le droit, ou de permettre ce que Iefus Chrift a defendu, ou de defendre ce que Iefus Chrift auoit laiffé libre ? Car fi ce dont il difpenfe a efté defendu de Dieu, il entreprend fur l'autorité de fes Loix. Si ce dont il difpenfe auoit efté laiffé en noftre liberté, la defenfe qu'il en auoit faite luy mefme, & dont il nous veut difpenfer, eft vn attentat à la liberté que Dieu auoit laiffée à nos confciences. Or quelle ombre de verifimilitude y peut il auoir en cela, que le Saũueur nous ait laiffé fes loix pour regle de noftre conduite quand il eft monté au Ciel, & qu'il ait donné aux hommes mortels la puiffance de les enfraindre ? Mais infraction des Loix de Dieu, qu'il y ait en ces Difpenfes, ou non, tant

y a que nous ne pouuons digerer, & nul
ne le doit trouuer mauuais, que l'Euefque de Rome donne des loix à nos confciences. Si quand il en établit quelques
vnes, il difoit; Ie n'auance rien de mon
chef, & ne veux point *dominer fur les heritages du Seigneur*, ainfi que S. Pierre
l'ordonne; Ie mets feulement en auant ce
que noftre Seigneur nous a laiffé en fa
Parole: Nous orrions en cela la voix d'vn
feruiteur, qui fait profeffion de ne vouloir rien faire valoir finon la volonté de
fon Maiftre. Ainfi ce feroit à nous à chercher en cette Parole fi ce qu'il diroit y feroit fondé, pour difpofer nos confciences
à refpecter comme il faut l'autorité de ce
grand Dieu, à qui feul, en ce qui eft de la
Religion, elles doiuent obeiffance. Mais
ou bien il ne nous parle du tout point
de la Parole de Dieu en fes Loix, ou il
veut que s'il en fait mention, nous nous
en rapportions entierement à fon interpretation : de forte qu'il vaudroit autant
qu'il les nous donnaft abfolument de fon
chef, que de nous y alleguer la Parole de
Dieu, & neantmoins ne vouloir pas que
nous les examinions, pour voir fi elles y
font conformes. Or quoy? Que peut a-
uoir l'Euefque de Rome qui donne telle

autorité à ses constitutions, que nous y
soumettions nos ames? Est il Dieu pour
regner dedans nos esprits, comme les
Rois de la terre regnét dessus nos corps?
Ou de quelles preuues peut il soustenir
vne si haute pretention, que Dieu luy ait
resigné son autorité, pour auoir vn empire absolu dessus les ames des hommes?
En fin, i'atteste nos plus passionnés Aduersaires, s'il est raisonnable de nous condamner pour ne souffrir pas qu'il empie-
te la domination absoluë dessus nos consciences. Si nous demandons à l'Euesque
de Rome les tiltres sur lesquels il fonde
sa vocation, & cette puissance illimitée
qu'il pretent sur l'Eglise de Dieu, il nous
produit quelques textes de l'Ecriture:
Comme, *Tu es Pierre*, & *Pay mes brebis*,
& semblables. Si nous voulons dire quelque chose sur l'intelligence de ces mots,
il nous dit qu'il les faut entendre, non
selon nostre sens, mais selon son interpretation. Si nous voulós reuoquer en doute l'authorité de son interpretation, il
nous dit que tant s'en faut que nous deuions en demander quelqu'autre preuue
que le témoignage qu'il luy rend, que la
Parole de Dieu mesme ni ne peut, ni ne
doit auoir aucune autorité enuers nous,

sinon celle qu'il luy donne par son témoignage. Que sans cela on n'en feroit
pas plus de cas que des Fables d'Esope ou
de l'Alcoran de Mahomet , & qu'en fin
apres toutes questions, toutes interroga-
tions, toutes ratiocinations,il faut croire
ce qu'il a dit, pour ce qu'il l'a dit , & ne
croire pas à Dieu mesme qui parle dans
le Vieil & dans le Nouueau Testament,
sinon autant qu'il plaira au souuerain
Pôtife de Rome.Qui se persuadera qu'vn
homme soit plus croyable que Dieu , ou
que les Constitutions du Siege Romain,
portent plus de marques de diuinité,que
les écrits des Propheres & des Apostres?
On tient en la Communion Romaine
que l'Eglise ne peut errer : mais quand il
faut expliquer en qui reside cette grace
de l'infallibilité , les opinions se parta-
gent.   Les vns disent qu'elle reside au
Concile, qu'ils éleuent au dessus du Pape
à cette occasion : les autres soustiennent
qu'elle reside au Pape, qu'à cette raison
ils mettent au dessus du Concile. La Sorbonne a esté autrefois de ce premier sentiment,& a esté suiuie par ce qu'il y auoit
de plus sain & de plus sçauant en cette
Communion. Les Iesuites qui sont venus depuis ont pris determinément l'autre

tre parti, & ont tiré beaucoup de gens
apres eux, & peut estre quelques vns de
la Sorbonne mesme. Ceux cy accusent
les autres de rebellion contre le chef de
l'Eglise de Iesus Christ : ceux là accusent
le Pape de presomption, & d'entreprendre dessus les droits de l'Eglise. Et pource que le Pape n'ose hasarder la decision
de cette question , & qu'a son aduis il
est beaucoup plus expedient de gaigner
pied à pied dans les esprits par les écrits
de ses Docteurs,& par l'entremise de ses
emissaires, que de s'exposer au iugement
d'vn Concile , qui selon l'apparence se
porteroit à la defense de ses propres
droits, il souffre en sa Communion ceux
qui ne luy accordent pas cette puissance
souueraine. Pourquoy donc nous haïroit
on pour ce que nous la luy refusons , &
que nous nous opposons encore plus vi-
goureusement qu'aucun à sa tyrannie ?
Quant à ce qui est de la puissance temporelle qu'il pretend auoir dessus les Rois,
les esprits n'y sont pas moins partagés. &
la qualité de ceux qui y ont interest rend
la dispute plus éclattante. Car il est question de la souueraineté des Potentats,
que le Pape & ses adherans pretendent
estre soumise à sa domination, au lieu que

T

les Princes & leurs bons ſujets la maintiennent eſtre abſolumēt independante.
Et icy encor veritablemēt nous meritons
la bien-veillance des gens de bien, & qui
ſont affectionnés comme il faut à leurs
Princes & à leur Patrie. Car bien que
ceux qui fauoriſent les deſſeins du Pape
en cét égard, diſent de cette puiſſance
temporelle qu'il affecte ſur les Eſtats,
qu'elle ne luy conuient qu'indirectement
ſeulement, pour ce qu'elle ne luy a eſté
donnée ſinon pour ſeruir à la manuten-
tion de l'autre, & pour la faire valoir, ſi
eſt ce que directemēt ou indirectement,
il aſſujettit tant qu'il peut les Couronnes
à ſa Tiare. Les Parlemens à la verité s'oppoſent ouuertemēt à cet attentat; la Sorbonne par ſes decrets, les a ſecondés ou
l'occaſion l'a requis; &, ce qui vaut mieux
que ni les Arreſts , ni les Decrets , nos
Rois, ou la neceſſité l'a voulu, n'ont iamais manqué d'y dégainer leur eſpée.
Mais on nous permettra pourtant de dire, que la façon dont nous nous ſommes
pris à en arreſter les progrés, eſt de toutes
la plus efficace, ſi on nous vouloit entendre. Tandis qu'on permet à l'Eueſque
de Rome de ſe preualoir de cette puiſſance ſpirituelle & directe qu'il vſurpe effe-

ctiuement, quoy que le droit ne luy en
ait point encor' esté octroyé par les Conciles, & tandis qu'on souffre qu'il en es-
pâ le la creance par tout, & mesmes dans
les Conseils des Rois, il raisonne toûjours assés probablement qu'elle luy auroit esté donnée inutilement, si l'autre
pour la soustenir ne venoit en côsequen-
ce.   Et s'il est vray qu'il soit le Vicaire de
nostre Seigneur enuers les Chrestiens,
pour leur donner des loix selon lesquelles ils se reglent en ce qui est de la pieté
& de la vertu, il semble qu'il ait quelque
apparence de raison de vouloir estre son
Lieutenant, en ce qui est de l'vsage de la
puissance temporelle.   Car si nous considerons nostre Seigneur comme Mediateur seulement, l'autorité que son Pere
luy a donnée dessus toutes choses à ces
deux relations, qu'entant qu'elle s'étend
dessus les consciences des hommes, pour
les former aux vertus qui sont necessaires
au salut, elle luy appartient directement;
pour ce que sa charge de Mediateur regarde directement le salut & la redemption de l'ame.   Mais entant qu'elle s'é-
tend sur les choses de la vie presente, &
dessus l'autorité des Rois, elle ne luy a esté donnée sinon, pour le dire ainsi, aucu-

nement indirectement, afin de gouuerner tellement toutes choses icy bas, que
rien ne puisse empescher le salut de son
Eglise, pour laquelle seule il est Mediateur actuellement. Comme donc elle luy
a esté donnée a cet effet, & comme sa
charge de Mediateur n'a peu s'en passer,
celuy qui s'attribuë l'honneur d'estre son
Lieutenant en vne partie de son autorité, n'est pas sans quelque couleur de raison enuers ceux qui la luy veulent accorder, de pretendre encor la communication de l'autre. Et il sçait si bien menager
cette probabilité de son raisonnement,
& a tant de gens à sa deuotion pour gouuerner les esprits de la plus part de la
Chrestienté, qu'elle passe pour demon-
stration enuers vne infinité de personnes.
Ainsi les Parlemens, par l'affection qu'ils
portent à l'autorité des Rois, & par le iuste interest de la leur propre, conseruent
les bons sentimens, & les autorisent tant
qu'ils peuuent. La Sorbonne, ou par zele
à la Royauté, ou par l'amour de sa propre
liberté, ou par quelqu'autre telle consideration, ne s'est point iusques icy absolument laissée corrompre. Enfin, la puissance & la generosité de nos Rois a tous-
jours vaillamment soustenu les droits de

leur Eſtat, & la ſplendeur de leur Courône. Mais cela n'empeſche pas qu'il n'y
ait dedans tous les ordres, quantité d'eſprits infeƈtés de cette pernicieuſe opinion , que les Papes ſont au deſſus des
Rois, & que leur autorité eſt dependante
de la ſienne. De façon que s'il arriuoit
quelque faſcheux temps, comme nos peres en ont veu, ou les bons ſentimens ne
fuſſent pas armés de toute la puiſſance
qu'ils ont maintenant, il ne faut pas douter que les mauuais n'en priſſent l'occaſion pour éclorre. Quant à nous, nous
auons porté la hache à la racine de cette
ambition, en oſtant à l'Eueſque de Rome
la puiſſance ſpirituelle qu'il pretend , &
auons par ce moyen rendu nos ames im-
penetrables à toutes ſortes d'opinions,
qui ſeroient pour y choquer tant ſoit peu
la fidelité que nous deuons à nos Princes.
Car ne reconnoiſſans au monde, hors
noſtre Seigneur Ieſus , homme quelconque au deſſus d'eux, on ſe peut bien aſſeu-
rer que noſtre obeïſſance & noſtre fidelité demeure abſoluëment inuiolable. Tellement qu'en cette partie en laquelle on
nous accuſe de n'eſtre pas aſſés bons
Chreſtiens, noſtre doƈtrine nous oblige à
eſtre parfaitement bons François; au lieu

qu'autant qu'on s'éloigne de noftre fentiment en cela, autant donne t'on fans y
penfer, d'ouuerture & d'auantage à l'ambition étrangere. Mais certes c'eft à g ád
tort qu'on nous accufe de n'eftre pas
bons Chreftiens en cét égard. C'eft le
zele que nous auons à la gloire de Iefus
Chrift, qui nous rend irreconciliables a-
uec l'Euefque de Rome, & cela pour
trois raifons principales. La premiere
eft, que de ce fiege là, comme d'vne
fource feconde à merueille, font venuës
en l'Eglife toutes ces doctrines que nous
ne pouuons croire, & que nous eftimons
ne s'accorder nullement auec la religion
de Iefus Chrift. Ou fi ce ne font les
Euefques de Rome qui les ayent inuen-
tées, ils les ont receuës auec tant d'auidité, ils les ont prouignées auec tant de
foin, ils les ont defenduës auec tant do
chaleur, ils les ont tellement appuyées
de leur autorité, & ont excité tant do
perfecutions contre ceux qui ont voulu
refifter, que fans leur faire tort on leur
en peat b.en attribuer l'origine. Ayans
donc en l'ame vne perfuafion fi profonde, que ces dogmes ont gafté la pureté
de l'Euangile de Chrift, comment pourroit on trouuer mauuais que nous ayons

cette implacable animosité contre celuy
que nous en croyons estre la cause ? La
seconde est, que comme nous l'avons veu
cy dessus, il s'attribuë quantité de choses,
qui n'appartiennent sinon à nostre seul
Redempteur, & dont la communication
à qui que ce soit, ou ruine, ou au moins
ébranche trop notablement la Souverai-
ne autorité que son Pere luy a donnée.
Car il veut regner dedans les consciences
des Chrestiens, quoy que ce soit l'empire
de la seule Diuinité, ou l'homme mortel
ne doit rien attenter, & ou il ne sçauroit
atteindre. Il ordonne comme i'ay dit, de
toutes choses à sa fantaisie, & denonce
eternelle damnation à ceux qui n'obeï-
ront pas; il pardonne comme il luy plaist,
& veut qu'on soit aussi asseuré de son pardon, que si on l'auoit receu de la bouche
de Dieu mesme. Il determine de ce qu'il
faut croire, & commande qu'on y adjou-
ste foy comme aux oracles diuins. Il dispense de ce qu'il veut, & mesme des commandemens de Dieu, & pretend que sa
dispense met à couuert des menaces du
Souuerain Iuge du monde. En vn mot,
si Iesus Christ estoit descendu du Ciel, il
ne requerroit pas de nous vne plus entiere ni plus absoluë obeïssance à ses ordon-

nances.　Or nous ne croirions pas eftre
bons Chreftiens fi nous confentions à
cet attentat, & penferions trahir indigne-
ment la gloire de noftre bon Maiftre. La
troifiéme finalement eft, que par quelque
rencontre que ce foit, il eft arriué qu'vne
infinité de chofes que nous voyós auoir
efté predites d'vn certain ennemi iuré de
Chrift, fe rapportent merueilleufement à
ce qui paroift en l'Euefque & en la Cour
de Rome. Et pour ce qu'il eft dit que cet
ennemi doit eftre manifefté aux derniers
temps, & que deformais apres feize ou
dix-fept cens ans tous les temps doiuent
eftre eftimez faire partie de ces derniers,
toutes chofes de cette nature nous font
fufpectes. Car nous ne nions pas qu'il n'y
ait quelques fois de la fallace dans les apparences, & qu'il a beaucoup de chofes
qui ont quelque reffembláce de ce qu'elles ne font pas, & d'autres qui font ce dót
elles ne portent pas les marques bien euidentes. Nous fçauons mefmes que lors
qu'il eft queftion de l'interpretation des
Propheties, on eft fujet à s'y tromper
auāt qu'elles foyent éclarcies par les eue-
uemens, & qu'encore apres les euenemens on ne rencontre pas toufiours à les
parfaitement adjufter enfemble. Mais

tant y a que la deffiance estant la mere de
seureté, & les Chrestiens s'estans bien
passez de Pape au commencement, nous
aimons mieux nous en passer, & nous
abstenir de toute communion auec qui
que ce soit, qui ait quelque air de cet ad-
uersaire. En quoy l'on peut penser que
nous ne sommes menez d'autre consideration sinon du zele de nostre Seigneur,
& du desir de nostre salut, qui nous deuroient sans doute excuser, quand il y auroit, ce que nous ne croyons pas, quelque chose d'vn peu scrupuleux en nostre
conduite.

Ie penserois auoir satisfait aux plaintes
les plus importantes qu'on fasse ordinairement contre nous à l'égard de ce que
nous ne croyons pas, sinon qu'on nous
accuse encor de n'auoir pas assés deferé
à l'autorité de l'Eglise, & de ne reconnoistre pas assés les bienfaits que nous
en auons receus. Car quoy qu'il en soit,
on dit que c'est elle qui nous a enfantés
à Dieu par le Baptesme, & qui nous a
donné la connoissance de Iesus Christ.
C'est à elle à qui Dieu auoit donné l'autorité de nous gouuerner comme à nostre mere, & à qui il auoit remis le soin
de nostre education. Et neantmoins

nous nous sommes separés d'elle comme
d'auec vne étrangere , & luy faisons tout
ouuertement la guerre, comme si c'e-
stoit vn ennemy.   Au lieu de supporter
doucement ses defauts , en cas qu'elle en
eust, & de respecter plûtost ses rides, que
de luy insulter pource que l'aage de tant
de siecles a gasté quelque chose de sa
premiere beauté , nous l'auons diffamée
de tous costés, & luy auons fait les re-
proches les plus scandaleux , & donné
les tiltres les plus iniurieux du monde.
Estans sortis de ses entrailles ne deuions
nous pas garder quelque reuerence à son
nom , & conseruer autant que nous
pourrions sa bonne reputation deuant
les hommes? Ce sont les accusations
qu'on nous fait, & l'vn des principaux
sujets pour lesquels ceux qui sont demeu-
rés dans la communion dont nous sommes sortis , ont de l'auersion contre nos
personnes.   Certainement s'il estoit permis de distinguer entre nous & nos peres, en ce qui est de la Religion que par
la grace de Dieu nous tenons, la pluspart
de ces accusations ne nous toucheroiét
aucunement. Car pour ce que par l'E-
glise on entend seulement la Romaine,
nous pourrions incontinent respondre,

que quant à vous elle ne nous a point
engendrés à Iesus Christ, & que ce n'est
point d'elle que nous auons receu le si-
gne du Saint Baptesme, ni nostre education en l'esperance du salut. Nous tenons tousiours ces choses de la communion Reformée dans laquelle nous sommes nés, & n'en auons l'obligation à aucune autre. Nos ayeuls sont bien sortis
de la communion de Rome à la verité,
pource qu'ils y estoient auparauant: mais
pour nous, qui n'y auons iamais esté, on
ne nous peut accuser de l'auoir aban-
donnée. Quand donc l'action de nos
peres auroit esté tachée de quelque marque de respect, & de quelque defaut de
gratitude enuers cette Eglise là, il ne seroit pas raisonnable d'en faire tomber le
blasme sur nous, ni que s'ils ont mangé
l'aigret, nous en ayons les dens agacées,
Quant à nous, pour ce que c'est l'Eglise
Reformée qui nous a engendrés à Dieu,
& qu'elle nous nourrit en la connoissance de Iesus Christ beaucoup plus purement que ne sçauroit faire la Romaine,
si nous nous separions d'elle pour entrer
en la communion de l'autre, veu que
nous n'en auons point de sujet, & que
nous ne voyons rien en elle qui nous of-

futie , ne meriterions nous pas qu’elle fît contre nous en beaucoup plus torts termes , les plaintes que l’Eglise Romaine fait contre l’action de nos ayeuls ? Ce qu’on dit qu’ils ont eu tort de se separer de l’Eglise en laquelle ils estoient nés , & à laquelle ils auoient tant d’obligations, ne iustifie t’il pas clairement la resolution que nous gardons de demeurer en celle ou nous sommes ? Car autrement nous ferions tout de mesme que si estant arriué de la dispute entre nostre mere & nostre bisayeule. nous abandonnions la maison de celle qui nous a prochainement donné nostre estre , quoy qu’elle ait vn merueilleux soin de nous , & qu’elle nous éleue à toute sorte de vertu & de pudeur , pour nous attacher à celle que nous ne reconnoissons pour origine de nostre estre sinon de loin, & à qui la foiblesse de l’âge ne permet pas de remedier aux desordres que la pluspart des siens commettent chés elle. Mais , bien : souffrons qu’on nous impute la faute de nos peres, s’il y en a , & voyons si leur action est telle qu’elle merite ce nom , & qu’elle ait deu attirer la mauuaise volonté du reste des Chrestiens dessus eux & dessus nous.

Il est

Il eſt certain que c'eſt de l'Egliſe Romaine qu'ils ont receu le Bapteſme, & qu'ils
ont ſuccé le premier laiĉt de la connoiſſance du Sauueur. Et tandis qu'ils ont
eſté comme des enfans en intelligence, &
qu'ils ne ſe ſont point apperceus de la façon de laquelle on les nourriſſoit, ils ont
veſcu dans vn merueilleux reſpeĉt à toutes ſes ordonnances ; à peu pres comme
les petits enfans aiment leurs nourrices,
pour ce qu'elles les portent au col, &
qu'elles les ioüent & les ébatent, & qu'elles leur donnent la mammelle, ſans diſcerner quand ils tettent ſi c'eſt de bon ou
de mauuais laiĉt. Depuis qu'ils ſont deuenus grands, & que Dieu a illuminé
leur raiſon, ils ont reconnu que ce qu'ils
auoyent ſuccé de la mammelle de leur
mere & de leurs nourrices, eſtoit corrompu, & que les alimens qu'on leur
preſentoit côtinuellement, eſtoient quaſi
tous ſi gaſtés, qu'auec fort peu de nourriture qu'ils y trouuoient, ils en tiroient
quantité de ſuc qui auoit des qualités ex-
trememét veneneuſes. On leur enſeignoit
bien qu'il y auoit vn Dieu, & vn Mediateur entre Dieu & les hommes : mais
on enuironnoit cela d'vne telle foule de
ſaints & de Saintes, qu'on leur propo-

foit pour objet de leurs adorations, que leur deuotion s'arreftoit d'ordinaire toute fur eux,& ne paruenoit pas iufques au vray Dieu & au vray Mediateur, fur lefquels feuls elle doit tendre. On leur difoit bien que le Seigneur Iefus a fouffert la mort en la Croix pour eux ; mais on ne faifoit autre infiftance fur cette doctrine finon de leur monftrer vn Crucifix; du refte, les fatisfactions des Saints, les fouffrances des Martyrs, le trefor des Indulgences, les peines du Purgatoire, la propitiation de la Meffe, les merites des œuures, & les autres aides de cette nature, que les hommes auoient trouués contre le fentiment du pechè, leur eftoient tellement inculqués, que la fatisfaction de Chrift demeuroit étouffée là deffous, & ne déployoit quafi aucune efficace en la confcience. On leur difoit bien que Iefus Chrift eft là haut au Ciel: mais on leur repetoit fi fouuent qu'il eftoit auffi dans l'Hoftie, on le mettoit en cet eftat fi affiduellement deuant leurs yeux, on y attachoit leurs efprits de telle façon, on leur en recommandoit fi diligemment & la veneration & l'vfage. qu'au lieu d'eleuer leurs ames en haut pour chercher le Sauueur à la dextre du Pere en vn eftat

glorieux , tous les mouuemens de leur
pieté, s'épandoyent deſſus les accidens
d'vn petit morceau de pain ſous leſquels
on leur diſoit qu'il eſtoit enueloppé icy
bas en terre. On les aduertiſſoit quelques
fois qu'il y a vn certain liure qu'on nomme la Parole de Dieu : mais ils n'en tiroient non plus d'inſtruction ni de conſolation que s'il euſt eſté aux Indes Les
exemplaires en eſtoient rares à merueille, comme maintenant encor en Italie &
en Eſpagne c'eſt vn liure quaſi entierement inconnu.   Ceux qui leur en pouuoient tomber entre les mains eſtoient
en langue ou ils n'entenſoient du
tout rien; ou s'ils y entendoient quelque
choſe, il ne leur eſtoit pas permis d'y lire.
Au lieu de cela tout eſtoit rempli de Le-
gendes de Saints, de conſtitutions Papa-
les, de recits de faux miracles & de vai-
nes viſions, & de liures de deuotion égal-
lement remplis d'attraits à la ſuperſti-
tion, & d'inutiles impertinences. On leur
faiſoit bien à la verité quelques fois
quelques Sermons ; mais on n'y entendoit reſonner autre choſe ſinon , ou la
commemoration de la vie des Saints, ou
des exhortations au ſeruice de la Vierge,
ou la recommandation des pardons éma-

nés du Siege Romain , ou le debit des
merites de supererogation, ou des contes
extrauagans & fabuleux, sans aucune solide instruction en la doctrine de l'Euangile. On les exhortoit a estre pieux &
deuotieux : mais cette deuotion consistoit à frequenter souuent les Eglises,
pour y marmonner quelques prieres aufquelles ils n'entendoient quasi rien, à
assister aux processions sans sçauoir à
quel dessein, à chanter quelques litanies
aux Saints de Paradis, à faire des offran-
des aux autels, & à faire force fondations
de Messes pour eux & pour les ames de
leurs peres. Enfin, les chapelets , les
agnus Dei, les grains benits, les asper-
gés d'eau consacrée, les petits morceaux
de bois de la croix enchassés precieuse-
ment, quelques éclats de vieux ossemens
de morts, quelques lambeaux de leurs
habillemens , quelque petit ais demy
pourry resté de leurs bieres , quelques
chandelles offertes à vne image , quelques agenoüillemens deuant vn crucifix, & quelque pelerinage au sepulchre
d'vn martyr, estoit cela en quoy consistoit alors le principal de la pieté en laquelle on exerçoit nos ancestres. C'e-
stoient là les alimens dont on les nour-

riſſoit, au lieu de la bonne doctrine de
la Parole de Dieu, qui ſeule peut donner
& vne ſalutaire inſtruction, & vne ſoli-
de conſolation, & de bons motifs à la
vraye ſanctification, & de bons & fermes
fondemens à l'eſperance. Et ie ne crains
pas qu'on m'accuſe d'en vouloir faire
accroire quand ie parle ainſi. Car ceux
de l'Egliſe Romaine meſme, qui ont
quelque connoiſſance de ce qui ſe faiſoit
il y a deux cens ans en la Chreſtienté, &
qui veulent parler auec ingenuité, aduoüent franchement que ſans la predication de Luther & de ſes compagnons,
le nom de Ieſus Chriſt s'en alloit quaſi
entierement éteint dans la memoire des
hommes. Quand donc Dieu a fait cette
grace à nos peres de reconnoiſtre la
mauuaiſe diſpoſition que ces alimens
auoient donnée à leurs eſprits, & les
mauuaiſes habitudes qu'ils en auoient
contractées, ils ont creu eſtre obligés
par toutes ſortes de deuoirs & enuers
autruy & enuers eux meſmes, & d'aduertir leur mere de ce mal, & de la prier
d'y donner ordre. Ce qu'ils ont fait tant
afin de corriger leur propre temperament,
en ſe ſeruant deſormais de viandes plus
ſalubres, que pour empeſcher que leurs

freres, qu'elle enfantoit iournellement,
ne fuſſent à l'aduenir auſſi mal nourris
& auſſi mal éleués qu'eux. Et nul ne peut
douter que la charité fraternelle, que les
Chreſtiens ſe doiuent porter les vns aux
autres, ne les y obligeaſt étroitte nent,
comme les affections naturelles obligent
ceux qui ſont les plus auancés en aage
entre les enfans d'vne maiſon, de pouruoir entant qu'en eux eſt que les plus
petits ſoient nourris comme ils doiuent
eſtre. Or le moyen d'y donner ordre
eſtoit que la mere meſme changeaſt la
premiere le regime de ſa vie, afin de faire de bon ſuc pour le dôner à ſes enfans:
qu'elle euſt ſoin de la conduite des nourrices auſq ielles elle les commetoit, afin
qu'elles ne gaſtaſſent pas leur propre ſâg
par leurs débauches; ce qu'elles ne pouuoient faire ſans vitier les parties nobles
de ceux qu'elles allaittoient: & en fin,
qu'elle changeaſt tout le gouuernement
de ſa maiſon, afin que ceux qui auoient
le ſoin de faire les prouiſions, ou n'y ap-
portaſſent que de bons & ſalutaires alimens, ou ne les gaſtaſſent point eux
meſmes de leurs empoiſonne nens. Pour
cela il faloit que Rome ſe reformaſt la
premiere, puis qu'elle ſe vante d'eſtre la

mere de tous les Chrestiens. Il faloit
qu'elle pourueust en toutes les parties
de la Chrestienté; à ce que les Euesques
& les Prestres, aufquels elle pretend
auoir le droit de donner ses enfans à
nourrir, ne leur enseignaffent que les
doctrines de l'Euangile & qu'ils les dé-
tournaffent de tout ce qui peut endóma-
ger la pureté de la pieté. Bref il faloit
qu'elle s'employaft à ce que les Vniuer-
fités, les Academies & les Colleges, qui
font comme des lieux publics, dont on
apporte les doctrines en l'Eglife, fuffent
repurgés de toutes erreurs, afin que ceux
qui en viendroient n'inftillaffent rien
dans l'efprit du peuple, qui ne fuft conforme à la verité, & propre pour engendrer la pieté, la confolation, & l'efperance. Cet aduis donc que nos ayeuls
ont donné à l'Eglife Romaine, meritoit
il blafme, ou loüange, & de quoy deuoit
il eftre reconnu, de haine, ou d'amour?
Et maintenant encor que nous perfiftós
à luy departir ces bons aduertiffemens,
qui ne procedent finon du zele de la
gloire de Dieu, & de la charité que nous
auons pour le falut de nos prochains, y
a t'il fujet de crier contre nous comme
contre des enfans defobeiffans & rebel-

les à leur mere? Pour ce qui est de l'autorité que nostre Pere celeste luy auoit
dónée, nous reçónoissons certes que nos
ayeuls ont esté obligés d'en faire ó idera-
tió Mais aussi prións nous tout le nó le
de recónoistre que cette autorité là n'est
ni infinie, ni illimitée, ni si absolument
souueraine, qu'elle les ait deu empescher
de pouruoir à ce qu'ils ont creu estre do
leur deuoir enuers Dieu, & de l'esperance de leur salut. Car il n'y a autorité do
mere si respectable en la terre, qui oblige
les enfans à se laisser empoisonner, quoy
qu'il n'y aille sinon de la vie presente
seulement. Que peut ce donc estre lors
qu'il y va d'vne felicité eternelle? Et si on
dit que les enfans doiuét auoir assés bonne opinion de leur mere, pour ne croire
pas qu'elle soit ni si meschante qu'elle
voulust, ni si imprudente que sans y penser elle permist qu'on leur donnast du
poison, à la verité tels soupçons ne doiuent pas venir legerement en la pensée.
Mais quand on se sent desia le corps affecté & que toutes les fonctions en sont
alterées, quand apres auoir attentiuemét
consideré les qualitez des alimens que
l'on pren d, on les a recoñnus pernicieux,
& qu'on a toutes sortes de preuues cer-

taines & indubitables que le mal est venu de là , alors il n'y a personne qui ne
doiue pouruoir à sa seureté , & n'y a respect de mere qui tienne. Nos peres donc
ayant reconnu à toutes les operations de
leurs ames , que la doctrine qu'on leur
enseignoit estoit toute imbuë de venin,
que leur pieté enuers Dieu en estoit ga-
stée d'idolatrie & de superstition , que
leur charité enuers le prochain en estoit
toute languissante , que la paix de leurs
esprits estoit continuellement troublée,
& leurs consciences pleines d'inquietu-
de & d'ardeur, que l'esperance de la bien-
heureuse immortalité estoit étouffée par
des doutes & des craintes irremediables,
& que generalement toute l'economie
de leurs esprits estoit en desordre , que
pouuoient ils faire sinon rechercher la
cause de leur mal, & apres l'auoir connu
courir promptement au remede ? Et puis
que la reuerence que leur Pere Celeste
leur auoit enjoint de porter à l'Eglise,
n'auoit pour but sinon leur salut, estoit il
raisonnable qu'ils la gardassent encor
quand elle y deuenoit pernicieuse ? Ad-
joustés à cela qu'en vne telle occurrence,
apres qu'vn bon enfant auroit fait sa
plainte à sa mere , il se trouueroit mer-

ueilleusement surpris si au lieu de luy
donner quelque satisfaction, il n'en rem-
portoit que ces responses. Ie ne sçaurois
vous tromper, & ne sçaurois estre trom-
pée moy mesme. Ie ne puis faillir en vostre conduite, & luis impeccable en la
mienne, & vous deués vous laisser mener
à mon autorité aueuglement. Ce n'est
pas à vous à iuger de la qualité des alimens dont on vous nourrit ; c'est à moy
que vostre pere a laissée en son absence
dispensatrice les biens de sa maison, ad-
ministratrice de ses affaires, tutrice &
curatrice de ses enfans, auec vne autorité
independante & souueraine. Ie vous prie
cette procedure ne seroit elle pas indigne d'vne bonne mere, & n'augmenteroit elle pas les soupçons que ses enfans
auroient desia de son gouuernement ? Ie
diray encor quelque chose dauantage. Si
pour faire semblant de donner quelque
satisfaction à ses enfans, & de leur oster
ces fascheux scrupules de l'esprit, elle faisoit vne assemblée de Medecins pour
examiner ces alimens, & qu'elle n'y ap-
pellast sinon ceux qui leur sont suspects,
& de l'ignorance ou de la perfidie de qui
ils se plaignent, & qu'en cette congregation on ne vist rien sinon des menées &

des artifices pour prononcer à quelque prix que ce fust en faueur de son autorité, & pour affermir sa domination, cela sans doute augmenteroit encor leur mécontentement, & leur mettroit de plus mauuaises pensees en l'ame. Or c'est ce que l'Eglise Romaine à fait à nos peres. Car au lieu d'escouter leurs plaintes, & de leur y donner quelque iuste satisfaction, Elle a respondu, *Qu'elle ne pouuoit errer, que Dieu l'auoit établie la dispensatrice de ses secrets, qu'elle auoit dans l'ecrain de sa poitrine tous les mysteres du Royaume des Cieux, qu'elle estoit la depositaire de la Tradition, qu'à elle appartenoit la decision des Controuerses pour y prononcer infailliblement, qu'elle seule pouuoit interpreter la Parole de Dieu sans peril de s'y tromper, que l'Ecriture n'est que la lettre de creance, & l'Eglise l'ambassadeur à qui les dogmes diuins auoiēt esté commis pour les reueler; que cette lettre de creance mesme n'auoit de credit & d'autorité sinon autant que l'Eglise luy en donnoit, & qu'elle l'autorisoit enuers nous par son témoignage.* Puis quand à la sollicitation des Rois & des Empereurs elle s'est disposée à conuoquer vn Concile pour vuider les differens suruenus entre

elle & nous, elle n'a pas voulu permettre qu'aucun s'y trouuaſt, ſinon ceux
qu'elle ſçauoit eſtre nos ennemis, & a ſi
bien ſçeu ménager toutes leurs intri-
gues, que de Rome on enuoyoit à Trente
la deciſion toute nette de ce qui s'y diſ-
putoit; iuſques là que meſmes les Am-
baſſadeurs de nos Rois n'ont peu s'empeſcher d'en témoigner ou leur mépris
ou leur indignation par des ſarcaſmes.
Car c'eſt à cette occaſion que Monſieur
de Lanſac diſoit, au rapport de Monſieur de Thou, & du Pere Paul, *Qu'on
y apportoit de Rome le Sainct Eſprit dans
vne valiſe.* Et la belle hiſtoire que ce dernier, l'vn des plus grands hommes de
ces derniers temps, & de communion
Romaine pourtant, a miſe en lumiere
touchant ce Concile, eſt vne preuue tres-
euidente & tres-autentique, que Rome
n'y a viſé à autre choſe qu'à l'établiſſement de ſa grandeur. Au Nom de Dieu,
quelle opinion nos peres pouuoient ils
auoir de cette conduite? Et que peuuent
des enfans, qui ſont en cette extremité,
penſer ou ſoupçonner de leur mere? Sur
tout il eſt ſouuerainement à conſiderer,
que quand auec de ſi violentes preſomp-
tions d'empoiſonnement, il y a encore

dec

des indices tres preignans que la mere
fauffe la foy à fon mary, & qu'elle fe laiffe cageoler & poffeder à des gens qui la
corrompent, il eft certes naturel aux enfans de pouruoir par toutes voyes rai-
fonnables à la conferuation de leur vie,
mais il eft de leur deuoir inuiolable d'é-
pefcher autant qu'il leur eft poffible, le
des honneur de leur pere, & le diffame
de fa maifon. Partant puis que ceux qui
nous ont deuancés en noftre profeffion
ont eu cette creance, & fi profonden ét
emprainte, & fi parfaitement bien fondée, qu'en l'Eglife Romaine non feulement ils couroient rifque ineuitable de
leur falut, mais qu'elle fe laiffoit aller à
des feruices religieux enuers les creatures, qui font dans la religion la mefme
chofe que l'adultere eft au mariage, il n'y
a perfonne fi déraifonnable qui ne les
exempte de blafme s'ils ont tafché de remedier à l'vn & à l'autre de ces maux.
Pour ce qui regarde la feparation d'auec
elle, c'eft bien certes vne chofe qui femble aucunement fcandaleufe, de voir des
enfans abandonner la demeure de leur
mere, pour ce qu'ils blafment fa façon de
viure; & qu'ils difent hautement qu'ils
ne s'y trouuét pas en feureté. Mais quoy?

Pour demeurer dans les mesmes comparaisons dont nous nous sommes seruis, ie fais toute personne raisonnable iuge de cette action. Nos ayeuls estoient dans la maison de leur mere à table auec elle & auec ses autres enfans. Ils se sont apperceus qu'on ne leur seruoit sinon des viandes dangereuses, & ont aduerti & leur mere & leurs freres de s'en abstenir, de peur de quelque funeste accident. Au lieu de faire profit de cét aduertissement on les a premierement estimés des insensés. Puis quand eux mesmes les premiers, afin d'en donner l'exéple, ont voulu s'en abstenir, & la mere, & les autres, apres diuerses paroles outrageuses & iniurieuses, leur ont ietté les flābeaux & les assiettes à la teste auec quelque espece de fureur. Ils se sont retirés doucement, & pour ne mourir pas de faim, ils ont dressé vne table à part dans la mesme chambre de leur mere ou au moins dans la court de sa maison. Car au commencement nos peres prescherent en diuers lieux dans les nefs des mesmes Egl.ses ou le seruice de la Religion Romaine se faisoit. Aux lieux ou on ne leur permettoit pas de se seruir des mesmes Temples à des heures differentes, ils preschoyent

dans les carrefours ou deſſous des halles
des v lles, & par tout ailleurs où on leur
en donnoit la commodité. Là on ne les
a pas encore voulu ſouffrir, & leur mere
a premierement fait des proclamations
violentes , qu'elle ne les tiendroit pas
pour ſes enfans,& qu'elle leur defendoit
l'entrée de ſa maiſon, s'ils ne ſe laiſſoient
nourrir & s'ils ne luy permettoient de ſe
gouuerner entieremé à ſa fantaiſie. Puis
elle a armé ſes autres enfans & ſes ſeruiteurs alencontre d'eux , & les a éloignés
d'elle tant qu'elle a peu à belles harque-
buſades. Car comment pouuons nous
autrement appeller les Anathemes qu'elle a fulminés contre nous, les Canons
qu'elle a dreſſés dedans ſes Conciles. &
les horribles perſecutions dont elle a tâ-
ché de nous ruiner ? I'appelle donc icy
Dieu & les hommes à iuger, à qui d'elle
ou de nos ayeuls doit eſtre donné ſe blâme du ſchiſme qui nous ſepare. En fin,
pour ce qui eſt des termes qu'on appelle
ſcãdaleux & iniurieux dont on ſe plaind
que nous l'auons diffamée, à la verité ſi
nous n'euſſions deu auoit aucuns autres
égards ſinon ceux de la retenuë des enfans,& de leur ſoin à couurir les defauts
de ceux qui les ont engendrés, le ſilence

nous euſt eſté plus conuenable , que les bruits & les vacarmes qui naiſſent de ces conteſtatiós. Mais nous auons deu auoir en ſinguliere recommandation le ſalut de tous les Chreſtiens, & n'auons peu le leur procurer ſinon en diſant ouuertement la verité. Comméc pouuions nous les retirer de l'égarement de ſes erreurs, de la tyrannie de ſon gouuernement, & du ſeruice ou qu'elle ſouffre ou qu'elle veut que l'on rende aux creatures , ſinon en nommant les choſes par leur nom? Et veu qu'encore auec toute la vehemence des paroles qu'on peut employer en telles occaſions, les hommes ſont naturellement ſi attachés aux creances dont ils ſont imbus de longue main, qu'on a toutes les pénes du monde à les en déprendre , n'euſt ce pas eſté trahir la cauſe de Dieu & leur ſalut, ſi par complaiſance & par diſſimulation, nous leur euſſions caché le peril où ils eſtoient , & le vice de leurs creances? Nous auons deu tâcher à reformer l'Egliſe Romaine meſme , & à la ramener à meilleur ſens, & n'auós peu le faire autrement ſinon en parlant à elle franchement, & en luy découurant les manquemens dans leſquels elle eſtoit tombée. Et comme quand le Prophete

Ieremie dit , que luy & ſes compagnons
ont eſſayé de medeciner cette grande
Metropolitaine des Caldéens , il a voulu
donner à entendre qu'ils luy ont monſtré ſes playes, afin de l'induire, s'il eſtoit
poſſible, à receuoir les remedes dont elle
auoit beſoin ; nous n'auons peu nous
mettre en deuoir de guerir celle qui ſe
pretend eſtre la ſouueraine de tous les
Chreſtiens, que nous ne lui miſſions tout
à nu deuant les yeux les vlceres dont elle
eſt gaſtée. Mais nous prions ces Chreſtiens de conſiderer que s'il y a quelque
vehemence en noſtre procedé , & quelque choſe de trãchant en nos expeſſions,
c'eſt à l'Egliſe de Rome , qui reſiſte à ſa
gueriſon , & non à eux que nous en voulons , & que nous n'auons autre paſſion
contr'eux . ſinon vne incomparable ardeur d'affection de les détacher d'auec
elle. Car ce n'eſt pas ſans vne douleur in-
croyable , & que nous ne pouuons aſſés
exprimer, que les voyant communiquer à
ſes pechés , nous les voyons auſſi dans le
peril de particiciper à ſes playes. Cómme
ce n'eſt pas non plus ſans quelque admiration de ſes appas & de la force de ſes
charmes, qu'eſtant de toutes les ſocietés
Chreſtiennes celle parmi laquelle le

Chriſtianiſme s'eſt le plus corrompu en toutes façons, & qui par conſequent merite le moins qu'on reſpecte ſa Communion, les autres Egliſes pourtant , & la Gallicane notamment, qui s'eſt touſiours le plus vigoureuſement oppoſée à ſon ambition, eſt ſi ſcrupuleuſe en cet égard, qu'elle péſeroit s'eſtre ſeparée de Chriſt, ſi elle auoit rompu auec Rome. Qu'a-nous nous afaire d'eſtre Romains pour eſtre Chreſtiens ? Le Chriſtianiſme n'a t'il pas eſté ſalutaire & en Ieruſalem , & en Antioche , & en diuers endrots de l'Orient , auant que Rome en euſt ouy parler ? Et depuis que Rome en a ouy parler, où ſont dás les Epiſtres de S. Paul, ou dans les autres écrits du Nouueau Teſtament, les traces qu'il falluſt neceſſaire-ment entretenir communion auec elle pour iouïr de l'eſperance de la gloire ? S. Pierre meſme nous parle t'il d'autre choſe que de la foy en la Croix de Chriſt, & de la vraye ſanctification, pour meriter le nom de Chreſtiens ? Paroiſt il en ſes eſ crits ſeulement vne ombre d'eaſeigne-ment, ie ne diray pas qu'il ait eſtabli l'E. ueſque de Rome ſon ſucceſſeur en ſon autorité, mais qu'il ait deſiré qu'on tint ſa communion plus neceſſaire à ſalut, que

celle des autres Apoſtres? En fin, en cette
Egliſe de Rome, le vray objet de noſtre
indignation eſt celuy de qui nous auons
cette opinion, comme ie diſoy cy deſſus qu'il l'a corrompuë, & qui ſous le
nom de Dieu en terre, ſemble ſe vouloir
mettre en la place de noſtre Pere qui eſt
aux Cieux. Si donc elle auoit reſolu de
faire diuorce auecluy, & de ſe remettre
en cet eſtat de pureté auquel elle eſtoit
auparauant, nous oublierions volontiers
tout le paſſé, & ne ferions point de difficulté de nous reüair auec elle. Si meſmes
elle ne ſe contentoit pas que noſtre Egliſe la reconnuſt pour ſa ſœur, comme elle
a fait celle d'Angleterre, & d'Alemagne,
& des Pays bas, d'autant qu'elle s'imagine que c'eſt de Rome que l'Euangile
eſt paruenu iuſques à nous, nous luy don-
nerions tels titres qu'elle voudroit, pour
auoir paix auec elle. Car quelque droit
d'aineſſe qu'elle pretendiſt entre ſes
ſœurs, ou de quelqu'autre qualité qu'elle vouluſt qu'on l'honoraſt, nous ſuppor-
terions doucement ce petit reſte de vanité, pourueu que cela n'allaſt point iuſques à preiudicier à la gloire de noſtre
commun Seigneur & Maiſtre. Mais'tandis que nous l'y voyons ſi fort intereſſé

qu'il est, le respect que nous luy portons, & le foin que nous deuons auoir de noſtre propre ſalut, nous eſt vne pléne & entiere iuſtification deuant les yeux de l'Vniuers, ſi nous ne portons pas plus auant les effects de noſtre condeſcendance.

SECTION VII.

Qu'en ce que ceux de la Religion croyent effectiuement, ils ne ſont dignes de l'auerſion de perſonne ; au contraire. qu'ils doiuent eſtre tenus pour bons Chreſtiens.

IE n'ay donc plus ſinon à repreſenter ſimplemét ce que nous croyons, & ce que nous faiſons en la Communion Reformée, à ce que ceux qui n'en ont pas la connoiſſance, en puiſſent eſtre informés, & qu'ils iugent par là ce qu'on doit eſtimer de nous. Peut eſtre qu'il ne ſeroit pas abſolument neceſſaire que ie m'arreſtaſſe icy bien particulierement : pour ce que noſtre Confeſſion de Foy, & la Liturgie de nos Egliſes peut en inſtruire tout le monde.

Neantmoins , pour ne renuoyer point mon Lecteur ailleurs , & pource qu'en noſtre Confeſſion de Foy nous ne nous ſommes pas contentés de mettre les arti·cles poſitifs de noſtre creance , nous y a-uons auſſi meſlé ceux que nous ne rece-uons pas ; afin qu'on voye noſtre Reli-gion tout à nu , & que ſans preoccupa-tion l'on puiſſe d'autant mieux iuger de ſon excellence , i'extrairay de cette com-mune declaration de noſtre doctrine, ce qu'effectiuemét nous croions, ſans y rien adiouſter de ce que nous auons rejetté.

Dés auſſi toſt donc que nous commen-çaſmes à paroiſtre en ce Royaume , nous declaraſmes publiquement que nous croyïons qu'il y a vn Dieu, qui dans l'im-menſité & ſimplicité inenarrable de ſon eſſence ſpirituelle, & eternelle, & incom-prehenſible en toutes manieres , com-prend toutes ſortes de Vertus, de Bonté, de Iuſtice, de Sageſſe, de Miſericorde, auec vne Puiſſance infinie, en vne ſi emi-nente perfection, qu'il ſurpaſſe infinimét la portée de l'eſprit des hommes , & de l'intelligence des Anges meſmes. Cela poſé pour fondement de noſtre creance, nous adjouſtaſmes que Dieu nous a ma-nifeſté cette connoiſſance de ſon eſtre

par deux voyes : à fçauoir par l'ouurage
du Monde & de fes parties, coniointement auec la Prouidence qui les confer-
ue & qui les gouuerne : & par les reuela-
tions de fa Parole, qu'il nous a laiffée par
écrit. Et chacun fçait, fans que i'en faffe
le Catalogue, que nous auons reconnu
pour parties de cette diuine Parole, dans
le Nouueau Teftament tout ce qui a
toufiours efté reconnu pour tel par les
Chreftiens, & dans le Vieil, tout ce qui
eft dans le Canon des Hebrieux, & que
l'Eglife Iudaïque a creu eftre d'origine
celefte. Or bien que nous parlions ainfi,
fi eft ce que nous ne croyons pas que ces
liures foient diuins pource feulemét que
ç'a toufiours efté le confentement vna-
nime de l'Eglife, & que tous les Chreftiens en font d'accord. Car fi nous n'a-
uions autre fondement de noftre foy, elle feroit appuyée fur le témoignage des
hommes, qui s'accordent bien auffi
quelquesfois à receuoir ce qui eft faux.
Mais comme ainfi foit que ces liures no
peuuent eftre diuins, & procedés de
l'Efprit de Dieu, qu'ils ne portent vne
infinité de marques de leur origine, chaque effet ayant toufiours des marques
indubitables de fa caufe, Dieu par vne

secrette & interieure operation de son
Esprit, ouure tellement les yeux de nos
entendemens, qu'il les rend capables de
reconnoistre ces characteres de la Diuinité, & nous fait discerner ces liures
d'auec tous les autres écrits purement
humains de quelque nature qu'ils soient:
de sorte que nous les receuons auec vne
persuasion pleine & entiere pour la regle
tres certaine & tres parfaite de nostre
foy, & pour l'instrument efficacieux par
lequel il a pleu à Dieu nous reueler sa
connoissance. Car quant à ce qui est du
Monde & de ses parties, & de toutes
les œuures de la diuine Prouidence, la
connoissance qu'on en peut recueillir à
cela de particulier, qu'elle est exposée
aux yeux & aux esprits de toutes les Nations, & de tous les hommes de la terre,
en quelque lieu qu'ils soient épars. De
façon qu'il n'y en a aucun, s'il y vouloit
vser de son entendement comme il faut,
qui n'y peut reconnoistre que Dieu est
vne nature telle que ie l'ay décrite au
commencement, & qui par consequent
ne peust estre induit par là à luy rendre
l'honneur, le seruice, & les actions de
graces, ausquelles la connoissance de ces
vertus, & les bienfaits que les hommes

en ont receus, inuitent naturellement.
Mais pour ce qui est de la reuelation de
la Parole, qui est contenuë en ces liures,
elle a cét auantage, qu'elle est incomparablement plus claire & plus distincte, &
qu'elle nous apprend pour nostre salut
vne infinité de choses qui ne nous peuuent estre enseignées par la contemplation de l'Vniuers. Car elle nous découure premierement qu'en cette souueraine Diuinité, que sa nature, & la creation
du monde nous monstre clairement ne
pouuoir estre qu'vne, il y a neantmoins
trois personnes, qui y subsistent distin-
ctement : c'est à sçauoir le Pere, que nous
reconnoissons estre la premiere cause,
le principe, & l'origine de toutes choses : le Fils, qui est sa Parole, & sa Sapience eternelle ; & le S. Esprit, qui est
sa vertu, son efficace, & sa puissance, qui
execute tous les conseils que le Pere a
formés par sa Sapience, qui est son Fils.
Que le Fils est eternellement engendré
du Pere ; que le S. Esprit procede eternellement du Pere & du Fils, & qu'encore qu'ils n'ayent qu'vne mesme essence ; si est ce que leurs Personnes ne sont
point confuses entr'elles, & gardent
vne eternelle & inuiolable distinction.
                                    En

En vn mot, tout ce que les anciens Peres, comme S. Hilaire, S. Athanase, S. Ambroise, & S. Cyrille en ont dit, tout ce que les anciens Conciles en ont decidé, pour ce que nous le voyons tres-conforme à cette Parole de Dieu, nous le tenons pour tres-veritable & tres-orthodoxe. En apres, le Monde, si nous y eussions esté bien attentifs, nous eust bien peu apprendre que c'est ce grand Dieu qui l'a creé. Car les cieux & la terre rendent assés de tesmoignages à leur auteur, si les hommes apportoient à le contempler, vne assés pure & assés lumineuse intelligence. Mais pource que le peché nous a aueuglés, les vns ont absolument ignoré cette verité, les autres ne l'ont connuë que tres imparfaitement, & de ce qu'ils en ont connu, ils n'en ont point eu de persuasion sinon douteuse & chancellante, iusques à ce que cette diuine Parole nous en a tres pleinement & tres-certainement informés. Car c'est en elle qu'il nous est recité comment ce Dieu, lequel s'est manifesté à nous en trois personnes, a au commencement formé les Cieux & la terre, & toutes les choses qui y sont ; tant celles qui n'ont que l'estre, ou la vie, ou le sentiment seulement, que

V

celles qui sont doüées de raison, & mesmes celles qui estans spirituelles & inuisibles de leur nature, ont vn estre qui consiste quasi tout en intelligence. Car c'est de ses enseignemens que nous recueillons certainement qu'il y a des Anges & des Demons, qui sont tous également creés de la main de Dieu, mais dont les vns ont abandonné leur origine par la reuolte, & sont deuenus ennemis de leur auteur & de tout bien; les autrés, qui ont persisté en leur integrité, sont employez à l'execution des volontez de leur Createur, notamment en ce qui concerne les hommes, & plus particulierement ceux d'entreux pour lesquels il a de plus tendres & de plus vehementes affection. Et quoy que la raison nous deust assez aduertir que Dieu n'a point creé ce grand ouuragé du Monde pour l'abandonner, si auons nous eu besoin que cette Parole nous éclaircist cette verité, & nous affermist en cette creance, que toutes choses sont maintenuës, conseruees, regies, & gouuernées par la Prouidence de leur Createur. Tellement que dans les causes naturelles, & dans les choses qu'on appelle communément contingentes, il n'arriue aucun euenemét qu'il n'ait eter-

nellement preueu & preordonné en sa
Sapience, & sur lequel il n'ait presidé par
la conduite & par l'efficace de sa main.
Et bien qu'il semble que les hommes &
les Anges ayent plus de liberté en la
production de leurs actions, que n'ont
toutes les autres creatures, & que de fait
ils s'y portent par les mouuemens de
l'intelligence, & les executent volontairement, neantmoins cette liberté s'accorde tellement auec la Prouidence Diuine, que tout ce qui dépend des causes
intelligentes, est soufmis à son gouuernement. Il est vray que les méchans hommes & les demons semblent auoir voulu
se soustraire de son Empire ; mais si sont
ils pourtant sujets à sa volonté. De sorte
qu'ils n'entreprennent rien que comme
il le permet, & n'executent rien sinon
comme il leur en donne la puissance ; &
sur tout il a vn soin special de veiller sur
leurs actions, en ce qui concerne ceux
d'entre les hommes qu'il aime particulierement. Car pource que ces meschan-
tes creatures les haïssent à merueille, &
machinent toutes sortes de maux a len-
contre d'eux, il est necessaire qu'il pour-
uoye à leur protection d'vne façon spe-
ciale, autrement ils auroient trop à souf-

frir de la part de leurs aduersaires, veu
qu'ils sont si enuenimés, en si grand nombre, & si puissans. Cette mesme Parole
nous instruit encor, & de la condition de
nostre premiere origine, & de la façon
de laquelle nous en sommes decheus, &
de l'estat auquel nous nous trouuons
maintenant naturellemét par cette cheu-
te. Car c'est elle qui nous raconte comment Dieu auoit creé l'homme en vn estat d'integrité, & de felicité excellente,
& de tout poinct accomplie, autant que
la cödition de la Nature le pouuoit porter. C'est elle qui nous recite comment
l'homme en transgressant volontairemét
la loy que son Createur luy auoit donnée, s'est rendu indigne de la felicité en
laquelle il auoit esté mis, & s'est luy mesme corrompu. De maniere qu'au lieu
que Dieu luy auoit donné, vne intelligence lumineuse, & remplie de la connoissance de son auteur ; & vne volonté
toute encline à suiure les mouuemens de
cette belle intelligence en toute pieté
enuers Dieu, & en toute sorte de vertu ; &
finalemét des appetits bien reglés & par-
faitément assuiettis à l'empire de la raison : ses appetits ont par le peché secoüé
le ioug de la raison, & se sont emancipés

d'vne façon merueilleusement licentieu-
se: sa volonté est deuenuë deprauée &
portée à toute sorte de mal; & les tenebres ont tellement saisi son intelligence,
qu'elle n'a plus esté capable ni de gouuerner les appetits comme il faut, ni de
tourner la volonté vers les objets bons
& loüables, ni de iuger des choses con-
uenablement. Vray est qu'il semble que
pour ce qui regarde les choses politiques
& morales, il soit resté dans l'entendement de l'homme quelque faculté de discerner entre le bien & le mal. D'où vient
qu'il n'y a iamais eu de nation dessus la
terre, pour si barbare qu'elle fust, parmi
laquelle il ne soit demeuré quelque trace
de l'estime de la iustice, de l'honnesteté,
& de la vertu. Mais outre que c'est encor
vn effet de la diuine Prouidence, qui a
voulu conseruer ce petit reste de connoissance parmi les hommes, afin de seruir de lien à leur societé; lors qu'il est
question de Dieu & de le recognoistre
comme il faut, & de luy rendre le seruice qui conuient à l'excellence de sa
nature, ils y sont entierement aueu-
gles, si Dieu ne les y adresse & ne les illumine pour cet effet extraordinairement.
Ainsi, encore que l'homme soit libre, en

ce qu'il est porté à ses actions par le mouuement de sa voloté & que sa voloté y est
portée pource que sō enté de né: discourt
& raisōne sur les choses qui se preséxent,
pour iuger de leurs qualités, il est neantmoins esclaue, en ce que sa malice naturelle est si grande, & quelle a tellement
saisi toutes les puissances de son esprit,
que si Dieu par la vertu du sien ne le deliure de cette seruitude volontaire, il ne
iuge point, & ne peut iuger des choses
autrement que mal, & par consequent il
ne fait que mal, & ne peut rien sinou
mal faire. Or pource que tous les hommes sont descendus de ce premier, qui
s'est ainsi mal-heureusement corrompu,
si nous eussions retenu la connoissance
de nostre origine, elle nous eust peu apprendre, outre les autres preuues que
nous en auions en nous mesmes, que
nostre premier pere a prouigné cette
sienne corruption en nous tous.   Mais
pour ce que cet aueuglement naturel,
qui nous empesche de iuger de toutes
autres choses, nous a aussi osté la connoissance de nostre principe & de nous
mesmes, il a falu que cette mesme Parole nous apprist que tous les hommes du
monde en sont naturellement gastés.

Tellement qu'il n'y a aucun des descen-
dans d'Adan, en qui par la generation
des peres aux enfans, cette corruption
ne se soit écoulée. Car ce que les Pelagiens ont voulu dire, que nous ne sommes mauuais que par imitation, est vn
pernicieux erreur, que nous detestons:
nous sommes aussi outre cela mauuais de
nature, de quelque façon que cette ta-
che originelle se prouigne en nous. Con-
noissans comme nous faisons si certainement le mal, nous ne nous donnons
pas beaucoup de péne de sçauoir la façon comment il se perpetuë au monde.
Et ce mal est si grand, que quand nous
n'en commettrions point d'autre, il nous
rend coupables deuant le iugement de
Dieu, & nous assujettist à la mort. Bien
est vray que Dieu le nous pardonne, &
qu'il nous donne le seau de cette remission par le Baptesme; mais neantmoins il
garde tousiours sa nature; car pour n'e-
stre pas puni, vn peché ne laisse pas d'e-
stre peché pourtant. Et qu'il garde toûjours sa nature, il en appert par experience. Car c'est de là, comme d'vne
source inepuisable, que viennent toutes
les mauuaises passions, toutes les mauuaises pensées, toutes les mauuaises

actions, & toutes les mauuaifes paroles, par lefquelles les hommes attirent deffus eux ire & malediction. Mais bien que la Parole de Dieu foit admirable en la reuelation qu'elle nous donne de toutes ces belles connoiffances, fi ne l'eſt elle point tant qu'en la declaration qu'elle nous a faite du moyen par lequel Dieu nous retire de cette malediction , & des motifs qui l'ont porté à nous en garentir. Car pource qui eſt des motifs, elle nous enfeigne qu'outre cette charité inenarrable qu'il a témoigné enuers le monde en ce que fans y eſtre incité d'aucune autre caufe, que de fa feule bonne volonté il a voulu donner fon Fils vnique pour l'abandonner à la mort, afin que quiconque croiroit en luy, fuſt fauué par luy, nous auons encore en elle la reuelation d'vn myſtere que nous ne pouuions iamais apprendre d'ailleurs. C'eſt que Dieu, meu de fa pure volonté, & fans y eſtre inuité par aucune bóne qualité qui fuſt en l'vn pluſtoſt qu'en l'autre d'entre les hommes, a de toute eternité , & dans le confeil qu'il en a formé deuant la fondation du monde, mis de la diſtinction entre eux. Car il a eu le falut des vns tellement à cœur, qu'il les a mis à part des autres, afin de leur donner de croire en ce Redépteur, & de les amener par ce moyen indubitablement à la ioüissance de sa felicité eternelle. Au lieu qu'il a laissé les autres en arriere pour les abandonner à eux mesmes, & à l'aueuglement de leurs cœurs. Leur aueuglement donc estant tel que nous l'auons icy dessus representé, il est absolument ineuitable qu'ils ne croirôt point en l'Euangile, & ainsi qu'ils demeureront en leur naturelle perdition. De sorte que comme sa misericorde paroist merueilleusement riche en la dispensation de laquelle il a vsé enuers les vns, cette seuerité dont il a vsé enuers les autres, bien qu'elle ne soit nullement iniuste, pource qu'ils ont bien merité d'estre ainsi abandonnés, donne de l'estonnement pourtant, & est enfin suiuie de l'execution d'vne ire & d'vne vengeance épouuantable. Et l'experience nous ratifie ce que la Parole de Dieu nous en apprend. Car comme ie l'ay dit ailleurs, puis que les vns croyent en Iesus Christ, & les autres n'y croyent pas, & que nul n'y croid sinon par la grace que Dieu luy en donne, il faut necessairement qu'il ait mis distinction entre les hommes en cet

efgard, & que ce que nous en voyons arriuer maintenant, foit l'effet de la refolu-
tion qu'il en auoit prife auant la fondation du monde. Doctrine à laquelle le
Cardinal Bellarmin, & les autres principaux Docteurs de l'Eglife Romaine con-
fentent. Quant à ce qui eft du moyen que
Dieu a fuiui pour nous tirer de cette
condamnation, qui eft-ce qui peut porter le nom de Chreftien, s'il ne croit ce
que nos Eglifes en enfeignent? Elles difent premierement qu'en Iefus Chrift
Dieu nous a offert & communiqué tout
ce qui nous eft neceffaire pour noftre
falut; en ce qu'il a efté fait fapience, pour
nous releuer toutes les lumieres & toutes
les connoiffances qui concernoient la
gloire de Dieu & noftre fouueraine felicité : & iuftice pour nous faire abfou-
dre deuant le iugement de Dieu par le
moyen de fa fatisfaction; & fanctification,
pour nous communiquer de fon Efprit,
& reparer en nous l'image de la fainteté
du Pere celefte; & redemption, pour ce
qu'il nous retirera en fin de la main de
tous nos ennemis, & de celle de la mort
mefme. Tellement que qui s'addreffe à
luy, il y trouue tout ce qui luy eft neceffaire pour eftre fauué; & qui fe dé-

tourne de luy, renonce à la misericorde de Dieu, laquelle il luy a pleu
de reueler en son Vnique Elles adjou-
stent qu'encore que ce Iesus Christ soit
la sagesse de Dieu, & son Fils eternel, & Dieu benit és siecles des siecles,
si est ce qu'il a vestu nostre chair, & joint
en vne mesme personne en luy la nature
humaine auec la diuine. Par ce moyen
non seulement quant au corps il a esté
fait semblable à nous en toutes infini-
tez, mais aussi quant à l'ame il n'a point
differé de nous en toutes sortes de passions, sinon entant qu'en l'vn & en l'autre il a esté parfaitement exen pt & des
pechez que nous y commettons, & du
vice qui y est inherent de nostre nature.
Mais quoy que c'en soit, il a esté hon n e
veritablement,& comme il est ou descen-
cédu de la race de Dauid & d'Abraham,
ainsi que les saincts Oracles l'auoient promis, il a eu vne nature toute semblable à
la leur, mise à part la corruption laquelle
y est suruenuë. Et s'il y a eu, ou entre les
anciens,ou entre les modernes,quelques
gens qui en ayent creu autrement, nos
Eglises ont tousiours eu leurs erreurs en
abomination extreme. Et afin que personne ne se trompast en l'intelligence de

leur sentiment, elles en ont donné par
tout vne interpretation & vne declaration tres expresse. Car elles ont tous-
jours creu & tousiours dit, que ces deux
natures, diuine & humaine, sont tellement coniointes en vne mesme personne
en Iesus Christ, qu'encore qu'elles soient
inseparablement vnies, chacune d'elles y
garde distincten ẽ ses proprietez. Comme donc la nature diuine y demeure in-
créée, infinie, & immense tout a fait; la
nature humaine y demeure limitée des
bornes qui luy sont propres comme aux
autres hommes, & reuestuë de sa figure,
conformée en sa stature ainsi que les autres corps humains. Vray est qu'en la resurrection le corps de nostre Seigneur
Iesus a acquis des qualités fort differentes de celles qu'il auoit en l'infirmité de
sa chair : car il est deuenu incorruptible,
& immortel; mais neantmoins il a tous-
jours conserué la nature d'vn vray corps,
& la possede là haut en la gloire des lieux
celestes. Or bien qu'il nous reuienne vne
infinité d'auantages & d'incomparables
vtilités, de l'enuoy de nostre Seigneur
icy bas, & qu'on y puisse remarquer vne
infinité de characteres admirables des
vertus que Dieu y a voulu découurir, le

principal

principal ſujet pourtant de tout ce merueilleux myſtere, a eſté que Dieu nous a
voulu monſtrer ſon ineſtimable charité,
& ſon amour inenarrable enuers nous,
en ce qu'il la liuré volontairement à la
mort, afin d'y ſatisfaire pour nos pechés,
& qu'il la reſſuſcité d'entre les morts,
afin de nous atteſter que la ſatisfaction
eſtoit parfaite, & qu'elle auoit eſté ac-
ceptée de luy, puis qu'il liberoit noſtre
caution. De ſorte que par ce moyen
nous a eſté acquiſe, & la iuſtice en vertu de laquelle nous comparoiſſons hardiment deuant luy en iugement, & la
vie eternelle, qui eſt le but de nos ſou-
haits & l'obiet de nos eſperances. Pour
nous obtenir cela , nous croyons que
noſtre Seigneur Ieſus a offert à Dieu ſon
Pere vn ſeul ſacrifice en la Croix, par le
moyen duquel nous ſommes reconciliés
à Dieu, & tenus pour iuſtes en ſa preſence. Et cela eſtoit abſolument neceſſaire pour nous faire obtenir la vie à laquelle nous aſpirons. Car nous ne l'obtenons ſinon comme vn heritage , & en
qualité d'enfans : & ne ſommes enfans
de Dieu ſinon par ſon adoption. Or ne
pouuions nous eſtre participans de ſon
adoption, que premierement il ne nous

X

pardonnaſt & n'enſeueliſt ſoutes nos
offenſes. Pour ce donc que nos fautes
ſont des debtes & des crimes, comme ſe
l'ay dit cy deuant, & que pour des debtes & des crimes il faut vne ſatisfaction
& vn payement, qui ſoit proportionné à
l'obligation & à la péne que la loy denonce, comme il n'y auoit aucun qui
penſt faire cela parfaitement ſinon le Seigneur, auſſi l'a t'il ſi parfaitement ac-
compli, qu'il n'eſt deſormais plus de beſoin d'autre ſatisfaction ni d'autres ſouffrances. Or comme qui a payé, eſt quitte de ſon obligation, & qui pareillement
a ſouffert, eſt quitte de l'obligation à la
vengeance, ſoit qu'il l'ait fait pour ſoy
meſme, ou par l'entremiſe de ſa caution,
noſtre Seigneur ayant ainſi & payé &
ſatisfait plénement pour nous, nous fondons là deſſus la pretention que nous
auons d'eſtre abſous & iuſtifiés de Dieu,
qui a cette occaſion ne nous punit pas,
mais nous remet gratuitement toutes
nos debtes & tous nos crimes. Car puis
qu'il eſt entierement ſatisfait en noſtre
Seigneur, il n'a plus rien à demander à
nos perſonnes. Pour cela nous eſtimons
nous ſouuerainement heureux, ainſi qu'a
fait Dauid autrefois, de ce que n'ayans

rien en nous mefmes dequoy contenter
la iuftice de Dieu, ni en merites ni en fatisfactions, nous auons tout en I. Chrift
qui par cette fienne fatisfaction nous a
acquis la remiffió de nos pechés, & nous
a éleués à l'efperance certaine de la felicité eternelle. Ainfi nous iouïffons par la
grace de Dieu de paix & de repos en nos
cœurs, au lieu qu'autrement nous ferions
toufiours agitez d'apprehenfions, fi nous
auions à refpondre de nous mefmes , &
fur l'affeurance de noftre propre iuftice,
à fon iugement. C'eft auffi en cette mefme confiance, que nous inuoquons Dieu
comme noftre Pere, & que nous, fommes
affeurez d'eftre exaucez en tout ce que
nous demanderons au Nom de ce grand
Mediateur. Car puis qu'il eft noftre
Moyenneur, il rendra nos prieres agrea-
bles à fon Pere : puis qu'il eft celuy auquel nous auons efté adoptés, il fera que
nos fupplications ferót receuës de Dieu,
comme venát de fes chers enfans & puis
qu'il eft noftre chef, & nous fes membres,
il ne fe peut que la faueur que le Pere
celefte luy porte , ne fe refpande deffus
nous , & deffus les prieres que nous luy
prefentons par luy. Au refte, comme ainfi
foit que les promeffes de toutes ces gra-

ces, qui nous sont faites en l'Euangile, soient vniuerselles sous la condition de la Foy, selon ce qu'il est dit, qu'il a souffert pour nous acquerir salut, afin que quiconque croira en lui ne perisse point, mais qu'il ait la vie eternelle, nous nous rendons ces promesses particulieres, & les nous approprions par la Foy. De sorte qu'au lieu que les autres n'en sentent aucun effet, pource qu'ils n'y croyent pas, nous en sentons quant à nous, pour ce que nous les acceptons. Et comme en les acceptant de nostre costé nous demeurons persuadez que Dieu ne manquera pas d'executer ce que de sa bouche sacrée il a promis : Dieu de sa part les execute effectiuement à nostre esgard, & nous rend participans de ceste iustice de son Fils en la remission de nos pechés, iusques à ce qu'il nous introduise en la iouissance de la vie. Cependant ce que nous croyons, nous ne le nous attribuons pas à nous mesmes, mais nous reconnoissons le tenir tout de la grace de Dieu. Car les promesses, comme i'ay dit cydessus, sont offertes generalemét à tous, mais la grace de les receuoir est vn don gratuit & particulier que Dieu donne à qui bon luy semble. Tellement qu'au

lieu que les vns ont feulement cétte obligation à Dieu en ce qui regarde leur falut, qu'il leur a efté offert de fa part dans
les promeffes de l'Euangile de Chrift, les
autres luy font obligés au double, en ce
qu'en la diftribution de la grace par laquelle on les embraffe, ils ont efté prefe-
rés. Et l'obligation qu'ils en ont à Dieu
eft d'autant plus grande, que cette illumination interieure & fecrette de l'efprit
de Dieu, par laquelle ils font rendus capables de reconnoiftre la verité de l'E-
uangile du Sauueur, ne fe defploye pas
en eux pour vne fois feulement, comme
fi Dieu les vouloit feulemét mettre dans
le chemin du falut, pour les laiffer la puis
apres à leur propre conduite. Ce qu'il
commence en eux, il le continuë & le pa-
racheue auffi. Et de fait comme luy feul
en a peu donner les commencemens, auffi peut il feul donner la perfection à fon
ouurage. Et pource que la promeffe de
l'Euangile ne regarde pas feulement la
remiffion des pechez, mais auffi la vraye
fanctification dont le S. Efprit eft auteur,
quand nous difons que nous receuons
cette promeffe par foy, nous donnons af-
fez a entendre que la foy ne nous met
pas feulement en la poffeffion de cette

remiſſion, mais auſſi nous obtient l'Eſprit de ſanⱥification qui nous regenere,
Tellement qu'outre ce que la Foy d'elle
meſme excite l'affeⱥion de bien & ſain-
tement viure, en ce que nos entendemens ne peuuent eſtre illuminez
d'vne ſi belle verité, que nos affeⱥions
ne s'enflament de ſon amour, & ne ſe
conforment à ſa ſaincteté; elle produit
encor la vraye regeneration en nous, en
ce qu'ayant par ſa grace creu à la promeſſe de Dieu, il nous donne plus liberale-
ment ſon S. Eſprit, pour nous reformer à
ſon image. Et pource que c'eſt en cela
que conſiſte le ſuc & la moëlle de la do-
ⱥrine de l'Euangile, & quant & quant le
corps & la verité de ce qui eſtoit autrefois repreſenté dans les figures de la Loy,
nous ne conſiderons plus ſes ceremonies
que comme des choſes paſſées, & ne nous
ſeruons de la Loy Morale meſme, ſinon
pour eſtre la regle de noſtre conduite &
de nos deportemens.

Pour ce que ce grand ſalut que nous
auons en Ieſus Chriſt nous eſt communiqué par l'Euangile, ratifié par les Sacremens, & qu'au reſte ni l'Euangile no
nous eſt preſché, ni les Sacremens ne
nous ſont adminiſtrés, ſinon par l'ordre

de l'Eglise, tel qu'il a pleu à Dieu de l'é-
tablir, il est raisonnable que l'on sçache
aussi ce que nous croyons de toutes ces
choses, & que l'on voye côbien la creance que nous en auons est non seulement
innocente, mais conforme à la verité diuine, & digne de l'approbotion de tous
les Chrestiens. Afin donc de commencer par là, nous croyons que Dieu a éta-
bly vn certain ordre en son Eglise, selon
lequel les vns sont ordonnés pour estre
Pasteurs & Docteurs, & les autres pour
receuoir leurs instructions, & que cét
ordre doit estre sacré & inuiolable. En
telle maniere que les vns, que Dieu a
doüés des dons necessaires pour cela,
soiét appellés à ce ministere par les voyes
conuenables, & qu'ils l'exercent en toute fidelité, & que les autres les écoutent
auec respect & reuerence, & facent profit de leurs enseignemens. Ce n'est pas
que s'il eust pleu à Dieu choisir quelque
autre voye de nous enseigner ce qui est
de nostre salut, il ne l'eust peu faire. Ni
sa Sapience ni sa Puissance n'estoient pas
tellement astreintes & déterminées à ce
moyen là, qu'il fust absolument ineuitable. Mais l'ayant iugé le plus propre &
le plus accommodé à la nature de l'hom-

me, ainſi qu'il a fait, c'eſt luy reſiſter que
de ne s'y aſſuiettir pas, & ruiner l'edification de ſes enfans, que de vouloir abo-
lir vne ſi belle diſcipline. Et de là s'enſuit
neceſſairemont qu'encore que chacun
doiue auoir le ſoin de s'inſtruire en particulier en la connoiſſance de la veri.é, &
que chaque pore de famille ſoit particulierement obligé à l'inſtruction de ceux
qui ſont deſſous ſon gouuernement,
neantmoins il y doit auoir les aſſemblées
publiques, ou tout le monde ſoit endo-
ctriné en commun par ceux à qui Dieu
en a commis la charge, tellement que
ceux qui ſe ſeparent de ces aſſemblées,
contrarient à l'ordonnance de Dieu, ſe
ſouſtrayent du ioug de noſtre Seigneur
Ieſus Chriſt, & rompent l'vnité de ſon
Egliſe. Et cela a eſté iugé ſi neceſſaire par
les Apoſtres & par les anciens Chreſtiés,
qu'ils l'ont touſiours pratiqué nonobſtât
les Edicts des Empereurs, & routes les
perſecutions qui leur ont eſté faites pour
les en empeſcher. Car pour ce qu'ils ont
creu que cela eſtoit de l'inſtitution de
Dieu, ils ont eſtimé qu'il eſtoit plus iuſte
& plus raiſónable d'obeïr à Dieu qu'aux
hommes. Or eſt il bien aiſé de recueillir
de ce que i'ay dit cy deſſus, que c'eſt que

nous croyons de la nature de l'Eglise. Car si vous consideré les fideles entant qu'ils se trouuent actuellement ensemble pour ouïr la predication de la Parole de Dieu, & vaquer aux exercices de pieté, l'Eglise est l'assemblée de ceux qui conuienent en mesme lieu à cette intention de témoigner la foy qu'ils ont en nostre Seigneur Iesus Christ, & de s'auancer en sa connoissance salutaire par l'ouïe de la predication de sa Parole, & par la celebration de ses Sacremens, comme aussi pour prier Dieu, luy rendre actions de graces d'vn commun consentement, & se fortifier de plus en plus en l'esperance de la bien heureuse immortalité : selon que nous auons tous besoin de faire progrés en toutes ces choses, iusques à ce que nous soyons paruenus à la perfection à laquelle nous aspirons. Et si vous les considerés separés comme il n'est pas possible qu'ils vaquét tousiours ensemble à ces saints exercices, l'Eglise est la societé de ceux qui entretiennent communion ensemble par vne mesme foy en Iesus Christ, & par la participation à mesme esperance, & qui donnent des témoignages de cette communion ou les occasions s'en presen-

tent, par toutes les choses que ie viens
de rapporter. Or quand nous compo-
sons ainsi l'Eglise des Fideles, nous
ne pretendons pas dire qu'il ne se mesle
point parmi eux des gens qui ne meritent
pas ce nom. Car il n'y a que trop d'hypo-
crites, qui pour quelques considerations
demeurent exterieurement en cette societé. Mais cela n'empesche pas que la
societé ne subsiste, & qu'elle ne doiue estre nommée du nom d'Eglise, à cause que
le nóbre des vrais fideles y est plus considerable & plus grand, & que la religion
qui les rend tels, est pratiquée comme il
faut en toutes ses parties. A la verité, où
la Parole de Dieu n'est point preschée,
où les Sacremens ne sont point administrés, où il n'y a point d'ordre establi pour
le seruice de Dieu & pour la conduite de
son peuple, on ne peut pas dire qu'il y ait
aucune Eglise, quelle qu'elle soit. Où la
Parole de Dieu est preschée en quelque
façon, mais meslée des erreurs & des su-
perstitions des hómes, où les Sacremens
sont administrés, mais gastés & corrompus en diuerses manieres : où il y a quelque ordre pour la conduite de ceux qui
font profession du nom Chrestien, mais
alteré & degeneré de l'institution du

Sauueur du monde, il se peut faire qu'on donnera le nom d'Eglise à vne telle societé, mais elle ne sera telle pourtant sinon à proportion de ce que toutes ces choses y seront ou pures ou côtaminées, Car puis que ce sont ces choses là qui à proprement parler, & constituent & marquent l'Eglise de Dieu, nulle societé ne peut porter ce glorieux nom, sinon autant qu'elles s'y rencontrent. Et ce n'est pas sans raison que i'ay fait mention d'vn ordre sous la conduite duquel l'Eglise soit gouuernée. Car nous tenons cela pour certain, que c'est vne chose necessaire à la subsistance de la vraye Eglise, qu'il y ait vne certaine police establie pour son administration, ou qui soit entierement conforme à l'institution de Iesus Christ, ou au moins qui approche le plus que faire se peut de la pratique des saints Apostres. C'est pourquoy outre les Pasteurs qui sont ordonnez pour instruire le peuple, & pour luy administrer les Sacremens, nous estimons qu'il faut qu'il y ait des Anciens & Surueillans, & des Diacres, dont la charge consiste principalement à remedier aux scandales qui peuuent arriuer par les mauuais deportemens des vicieux, à soulager les neces-

siez des povres, & seruir à la consolation
des affligez, à donner ordre que les as-
semblées se tienēt auec la decence conuenable, & sans tumulte ni confusion, &
en vn mot, à seruir à l'edification de tous,
& à contribuer auec les Pasteurs à l'auancement de la doctrine du S. Euangile.
Entre ces Anciens & ces Diacres, & les
Pasteurs qui preschent la Parole & qui
administrent les Sacremens, nous mettons vne notable difference quant à l'ordre de leurs charges, & ne croyons pas
qu'ils soyent d'egale autorité en l'Eglise
de Dieu. Mais quant aux Pasteurs, nous
estimons que leur charge les égale, & ne
reconnoissons point d'autre difference
entr'eux, sinon celle qu'il plaist à nostre
Seigneur Iesus d'y mettre par la distinction de leurs dons. Car comme c'est luy
qui est le chef de son Eglise, & son Souuerain Pasteur, aussi est ce luy qui orne
de ses dons comme il luy plaist ceux qu'il
employe en ce Ministere. Mais tant y a
que ni l'ordre de leurs charges, ni le lieu
auquel ils sont establis, ne leur donne
aucune prerogatiue, ni aucune domination les vns sur les autres entre nous. En
quoy nous sçauōs bien que tout le monde n'est pas de mesme sentiment auec
nous

nous. Mais puis que nous ne suiuons cette esgalité sinon pour fuïr l'ambition & la tyrannie, qui sont les pestes de l'Eglise de Dieu, il n'y a nulle apparence qu'on nous doiue sçauoir mauuais gré d'vne institution si conuenable à l'humilité, qui sied si bien à tous les Chrestiens, & notamment aux Ministres de l'Euangile. Quoy qu'il en soit, esgaux ou inegaux que l'on constituë les Pasteurs, nous estimons que nul ne se doit ingerer de son propre mouuement en l'exercice de cette charge, mais que ceux qui y seruent y doiuent estre legitimement appellez selon l'ordre de l'Eglise de Dieu. A la verité si quelque Chrestien de condition priuée s'estoit rencontré seul parmi des Barbares, qu'il peust conuertir à la connoissance de Iesus Christ, nous estimons qu'il seroit assez autorisé par la necessité de la chose, par la charité enuers le prochain, par le zele de la gloire du Sauueur, & par la côduite de la prouidence de son Pere, d'entreprendre d'y former vne Eglise, & d'y faire les fonctions de Pasteur. Et le consentement de ceux qu'il auroit conuertis y suruenant, nous tiendrions sa vocation pour parfaite & pour authétique. Si puis apres il pouuoit auoir quelque

Y

communion auec vne autre Eglise, & estre confirmé en l'exercice de sa charge
par ceux qui y auroyent esté establis plus
regulierement, asseurement cela seruiroit
à l'edification commune, & il a esté aussi
pratiqué entre les anciens Chrestiens.
Mais si cela ne se pouuoit, comme tout le
monde est legitimement appellé par la
regle de la charité, à sauuer son prochain
d'vn embrasement & d'vn naufrage,
nous estimōs qu'vn tel en beaucoup plus
forts termes auroit vne iuste vocation à
retirer les hommes de la malediction. Et
n'y a rien au monde de si raisonnable. De
mesmes, s'il estoit arriué à quelque Chrestien de condition priuée, de se trouuer
en vne Eglise en laquelle le seruice de
Dieu, la predication de la Parole, l'administration des Sacremens, & la conduite
de l'ordre, fussent tellement corrompus
d'idolatrie, d'heresie, de superstition, &
de tyrannie, qu'il fult absolument impossible de faire son salut en cette communion, nous estimons que son deuoir seroit d'aduertir premierement ceux qui y
porteroyent la qualité de Pasteurs, d'y
apporter la reformation necessaire, & de
pouruoir à leur salut & à celuy de leur
troupeau. Si apres les en auoir aduertis,

ils n'y vouloient pas confentir, nous tenons pour indubitable que pluftoft que
d'endurer la ruine de la Religion , la
profanation de la gloire & de la verité de
fon Sauueur,&.a perte du falut des hommes, il deuroit en entreprendre la reformation de foy mefme, principalement fi
Dieu luy auoit donné les dons de connoiffance, d'eloquence, de prudence, &
de zele pour cela.   Car en vne neceffité
extraordinaire, & d'vne telle importance, l'ardeur du zele de l'entreprendre, &
les dons neceffaires pour l'executer, font
vne marque affés authentique de la vocation de Dieu. Bien eft vray que fi les
Miniftres ordinaires y vouloient mettre
la main, il ne s'y deuroit ingerer que coniointement auec eux & par leur affocia-
tion; pource qu'eatant qu'il fe peut , il
faut toufiours deferer à l'ordre des chofes qui font déja legitimement établies.
Mais fi les Miniftres ordinaires ou negli-
geoyent de le faire, ou fi oppofoient,auffi
bien icy qu'en toute autre police , le falut du peuple eft la fouueraine loy.   Ou
donc l'ordre public vient à manquer, la
voix de la neceffité eft la voix de Dieu,
qui appelle à la reftauration de fa verité
ceux à qui il a donné la faculté de la

Y 2

pouuoir deliurer de l'iniuſtice ou les hommes la detiennent, Hors ces deux occaſions, nous croyons qu'il faut tres-religieuſement obſeruer cette regle en ce qui eſt de l'établiſſement des Paſteurs, qu'on y ſuiue quelque ordre public, & que la Miſſion de chacun ſoit ratifiée par de bons & authentiques témoignages. Quant à ce qui eſt de la Diſcipline par laquelle l'Egliſe doit eſtre gouuernée, nous eſtimons que c'eſt aux Miniſtres de l'Euangile, coniointement auec ceux que l'on a choiſis pour Suruecillans, à en dreſſer les reglemens, en telle ſorte qu'ils ſe conforment entierement à la Parole de Dieu, & qu'ils ne viſent à autre choſe qu'à l'édification commune. Il eſt vray qu'en telle nature de choſes qui regardent la police exterieure de l'Egliſe, la Parole de Dieu s'eſtant quelquesfois contentée de donner des regles generales, leſquelles il faut appliquer aux circonſtances particulieres des choſes, des perſonnes, & des temps, & ces circonſtances là n'eſtant pas ſemblables en tous lieux, & meſmes ne perſeuerant pas touſiours en meſmes lieux en vn eſtat vniforme, il eſt aucunement ineuitable, & qu'entre diuerſes Egliſes il y ait quel-

que diuersité en cét égard , qu'en vne
mesme Eglise quelquesfois on en varie
la constitution selon les occurrences.
Mais cela n'arriue sinon en choses lege-
res, & qui ne sont pas d'importance
pour le salut : en celles qui sont de quelque consequence, on doit estre beaucoup plus exact à suiure ponctuellement
ce que la Parole de Dieu en ordonne. Et
d'autant qu'entre autres choses elle s'explique diserrement en ce qui est de l'ex-
communication de ceux qui sont incor-
rigibles en leurs vices,& opiniastrement
refractaires à l'ordre de l'Eglise de Dieu,
nous ne faisons nulle difficulté qu'il n'en
faille vser ou l'occasion le requiert, en y
obseruant toutes les precautions de prudence & de charité qu'il est possible. Car
nostre Seigneur Iesus le nous a enioint,
quand il a donné à ses seruiteurs l'autorité d'appliquer la rigueur de ses chasti-
mens selon les occurrences. Quant à ce
qui est des Sacremens , nous croyons
que Dieu les a adioustés à la predication
de sa Parole pour nous confirmer & ra-
tifier de plus en plus la verité des promesses qu'il nous y fait. Car pource
que nostre felicité dépend de la persuasion que nous auons de la verité des pro-

meſſes diuines, & que l'infirmité de noſtre chair a beſoin de beaucoup d'aides
pour les nous perſuader, Dieu ne s'eſt
pas contenté de les nous faire annoncer
de viue voix, il nous en a encore voulu donner des gages & des aſſeurances
viſibles. Et comme il ſe ſert tellement de
de la predication de ſa Parole, qu'il ne
veut pas ſeulement que ce ſoit vn ſon exterieur qui batte les oreilles de nos
corps, il l'accompagne de l'efficace de
ſon Eſprit, par le moyen de laquelle elle s'inſinuë en nos ames : auſſi quand il
nous fait adminiſtrer les Sacremens, il
ne ſe contente pas de faire que ce ſoient
ſeulement des ſignes exterieurs qui ſe
preſentent à nos yeux, il y déploye la
meſme vertu de ſon Eſprit, pour les rendre efficacieux en nos conſciences. Mais
comme c'eſt de l'efficace de l'Eſprit qui
accompagne l'vn & l'autre que toute
leur vertu depend, auſſi n'ont ils autre
but ni l'vn ni l'autre non plus, ſinon de
de nous amener à Ieſus Chriſt, ſeul auteur de noſtre ſalut, & le ſeul objet de
la veneration & de la deuotion de nos
ames. Nous ſçauons qu'en l'Egliſe Romaine on croit qu'il y a ſept Sacremens,
& noſtre intention n'eſt pas de diſputer

contre cette opinion maintenant. En
quelque nombre que les Catholiques
les reçoiuent, tant y a qu'ils ne nous
conteltent pas que ceux que nous croyós
eftre tels, ne le foient veritablement, à
fçauoir le Baptefme & la Sainte Cene,
qu'on nomme autrement l'Euchariltie.
Et bien qu'à l'égard de ces faintes ceremonies il tiennent beaucoup de chofes
que nous ne tenons pas quand à nous, fi
eft ce que pour ce que nous en croyós,
ils ne fçauroient y rien trouuer à refpren-
dre. Car quant a ce qui eft du Baptefme,
nous croyons auec eux qu'il nous eft
donné pour gage que Dieu nous adopte
en fon Fils, pour eftre du nombre de fes
enfans: & que comme l'eau eft propre
pour nettoyer les foüilleures de nos
corps, le fang de Chrilt, qu'il a refpan-
du en la Croix, & le Sainct Efprit qu'il
nous donne lauent les foüillures de nos
efprits, l'vn par la remiflion qu'il nous a
obtenuë, & l'autre par la fanctification
qu'il nous communique. Nous croyons
encore comme eux, que le Baptefme ne
doit eftre adminiftré qu'vne fois à chaque perfonne, & ne fe doit point
reïterer ; mais que quant à fon fruit
& à fon efficace, il s'etend à toute la vie,

pour nous asseûrer que nous trouuerons
tousiours en Iesus Christ & la remission
de nos offenses, & la grace de la sanctification. En fin nous sommes encore d'accord auec eux, que quoy que ce soit vn
Sacrement de foy & de penitence, & que
ceux qui viennent grans à la connoissance du Christianisme, doiuent témoigner
qu'ils croyent & qu'ils se repentét, auant
que de le receuoir, neantmoins il doit estre administré aux petits enfans de ceux
qui sont déja en l'Eglise, & que nostre Seigneur Iesus Christ l'a ainsi voulu. Pour
ce qui est de la S. Cene, on ne nous con-
teste non plus que tout ce que nous en
croyons ne soit absolumét veritable. Car
premierement nous tenons que c'est le
témoignage de la communion que nous
auons auec nostre Seigneur Iesus Christ,
laquelle consiste en ce qu'il n'est pas seulement vne fois mort pour nos offenses,
& ressuscité pour nostre iustification:
mais aussi qu'il se communique réellement à
nous, qu'il n'est pas plus vray que le pain
& le vin nourrissent nos corps, qu'il est
certain & indubitable que sa chair & son
sang sont la nourriture & le breuuage de
nos ames. Il est bien vray que nous croyons qu'il est au Ciel, comme aussi ceux

de l'Eglise Romaine le croyét; & est bien
vray encore que nous sommes en la terre, & qu'ainsi il y a vn merueilleux interualle entre luy & nous. Mais cela n'empesche pas que par la force de la foy, par
laquelle nous l'embrassons, & par la vertu secrette & incomprehensible de son
Esprit, lequel il nous communique, nous
ne nous ioignions tellemét à luy, & qu'il
ne se ioigne tellement à nous, que nous
sommes nourris & soustenus de sa substance. Et confessons que cette communion de Christ auec nous, & de nous auec
luy, est vn mystere dont nos esprits ne
sont pas capables de comprendre toute
la grandeur & l'excellence. Neantmoins
quoy que nous ne le comprenions pas
entierement, si sommes nous pleinement
& profondement persuadés, comme ie
l'ay déja dit cy dessus, que ni le Baptesme, ni la Cene, ne sót pas des signes creux,
qui ne contiennent & qui ne communi-
quent pas effectiuement ce qu'ils representent. Car nous croyons fermement
qu'au S. Baptesme nostre Seigneur Iesus
Christ, par l'efficace de son sang & par la
vertu de son Esprit, nous laue de nos pechés, aussi certainemét qu'il est vray que
l'eau nettoye les souïllures de nos corps.

Et qu'en la Cene il nourrit spirituellemét
nos ames de sa chair & de son sang, aussi
certainement que le pain & le vin seruent à la nourriture de nos corps. Ainsi
disons nous qu'il faut bien soigneusemét
distinguer entre les choses exterieures
qui nous sont communiquées aux Sacremens, à les considerer precisément en elles mesmes, & la vertu que nostre Seigneur leur a donnée par son institution,
de nous en representer d'autres & de
nous en mettre en possession. Car quant
à ce qu'il y a d'exterieur, l'eau de soy mesme est vn element caduque & contemptible, qui n'a en elle aucune vertu en ce
qui est de nostre salut. Mais l'institution
de nostre Seigneur Iesus Christ fait que
elle nous represente nostre lauement spi-
rituel, & qu'actuellement, autant qu'vne
telle chose exterieure le peut, elle nous
en met en iouïssance. Le pain & le vin
aussi, à les considerer precisément en eux
mesmes, n'ont aucune vertu de nourrir
nos esprits en vne vie eternelle, ni de les
éleuer à l'esperance de la bien heureuse
immortalité. Mais l'institution de nostre
Seigneur Iesus Christ les a non seulemét
rendus capables de nous representer sa
chair, & son sang, cóme si nous les voyiõs

à l'œil, mais de nous en mettre en actuelle possession, autant que des choses de
cette nature en sont capables. Car ce
n'est pas certes pour neant que nostre
Seigneur Iesus a prononcé ces paroles,
Cecy est mon corps : son intention a esté de
donner au pain qu'il nomme ainsi & vne
particuliere dignité, & vne singuliere efficace. C'est pourquoy nous celebrons ce
Sacrement auec toute sorte de respect, &
en y participant comme il faut, nous pretendons entrer en la communion de nostre Seigneur, & en la participation de
toutes ses graces Il ne me reste plus qu'vn
mot à dire de nostre creance ; non pour
ce qu'il soit absolument necessaire de
m'en enoncer icy, pour ce que ie m'en
suis asses expliqué lors que i'ay parlé de
la relation que nous auons & au Roy & à
l'Estat; mais seulement afin qu'il ne manque rien à l'abregé que i'ay voulu faire
icy de la Foy de nos Eglises. Nous croyós
donc finalement, que comme Dieu est
l'auteur de la Religion en quoy il a voulu auoir soin du salut des hommes, il est
aussi l'auteur du gouuernement Politique, en quoy il a voulu pouruoir à la conseruation de leur societé ; & il estoit ainsi
absolument necessaire, autrement les pas-

sions des hómes, qui sont naturellement
effrenées, eussent tout renuersé c'en dessus dessous. Pour obuier à ce desordre,
Dieu a estably les Royaumes, & les Republiques, & toutes sortes de Principau-
tés : & bien qu'il y ait vne merueilleuse
diuersité tant en leurs formes, qu'en la
maniere de leur establissement, & en l'ordre de leur successió, les vnes estát electi-
ues, & les autres hereditaires, & la façon
mesme ou d'en heriter ou d'y estre esleu,
n'estant pas esgale par tout, si est ce que
c'est Dieu qui y preside, & qu'elles doiuent toutes estre rapportées à son institution.   Et afin que le charactere de son
autorité qu'il y imprime, ne soit pas mes-
prisé par l'audace des meschans, il a mis
le glaiue en la main des Puissances Supe-
rieures, pour punir les pechés qui ten-
dent à la ruine de cette societé, soit qu'ils
violent les commandemens de la seconde Table, où sont contenus les deuoirs de
la charité enuers le prochain, soit qu'ils
soient commis contre la premiere, ou
sont contenus les commandemens qui
concernent les deuoirs de la pieté enuers
Dieu. Car la Religion estant vn des principaux liens de cette societé, le Magistrat
doit auoir soin de sa conseruation, au
                                   moins

moins certes autant que le mépris qu'on
en fait , en ébranle les fondemens & la
subsistance.   Non seulement donc Dieu
ne veut pas qu'aucun entreprenne de
renuerser cet ordre politique qu'il a ainsi
autorisé, mais il veut que chacun s'y soû-
mette auec respect, en rendant obeïssance tãt au Souuerain Magistrat, qu'à ceux
qu'il a ordonnés pour suppléer à son absence, & faire ses fonctions comme lieu-
tenans, chacun selon le degré qu'il tient,
& selon l'érenduë de sa lurisdiction &
de sa puissance.   Et pour ce que cet ordre public ne se maintient que par les
Loix, & qu'il n'y a pas moyen de faire
valoir les loix , si le Magistrat qui les établit & qui les conserue , n'est en estat de
les défendre, & que pour le maintenir en
cet estat , il faut faire des dépenses aufquelles il n'y a moyen de fournir sans
imposts : nous croyons que chacun non
seulement est obligé d'obeïr à ces loix,
mais aussi de contribuer à ses dépenses.
Tellement qu'en toutes les necessités
publiques, chacun est obligé de porter
volontairement ce ioug , selon que la
Puissance Superieure en distribuë le faix
par sa prudence.   Comme donc les saints
Apostres nous ont donné ses instructions

en vn temps auquel les ſouuerains Magiſtrats étoient infideles , & co...me les
premiers Chreſtiens les ont fidelement
pratiquées enuers les Empereurs & Payens & perſecuteurs, ainſi croyons nous
qu'en ces temps, la diuerſité de Religion
n'empeſche nullement ni l'autorité des
Magiſtrats, ni la ſuietion des inferieurs,
& que la connoiſſance & la profeſſion
de la verité ne diſpenſe aucunement de
ce reſpect, enuers ceux à qui Dieu n'en a
pas encore donné l'illumination par ſa
grace. Voila donc ce que nous croyons
effectiuement, que i'oſe bien prononcer
eſtre tel, qu'il n'y a perſonne qui ſçache
que c'eſt du Chriſtianiſme, qui y trouue
rien à reprendre. Car tout cela eſt conforme aux Commandemens de Dieu : à
l'oraiſon que noſtre Seigneur a enſei-
gnée à ſes Diſciples; au Symbole que nous
appellons communément des Apoſtres;
à celuy du Concile de Nicée, à celuy qui
a eſté compoſé par S. Athanaſe , & ap-
prouué par tous les orthodoxes; aux
deciſious des premiers Conciles de l'E-
gliſe , & generalement à tout ce que l'E-
gliſe Romaine meſme croid. en cela en
quoy il n'y a point de different entre
nous. Partant nous ſommes perſuadés

que tant s'en faut que cette créance nous
doiue produire l'auersion de ceux auec
qui nous viuons, qu'au contraire , elle
nous deuroit concilier la bien-veillance
de tout le monde.

SECTION VIII.

*Qu'en ce que ceux de la Religion font en
leurs exercices de pieté en consequence de
leurs dogmes , il n'y a rien qui merite
qu'on ait aucune auersion pour eux.*

APRES auoir exposé ce que
nous croyons , il est raisonnable d'informer ceux qui ne
le sçauent pas, de ce que nous
faisons en consequence , en
ce qui est de nos exercices de pieté. Si
nos plus grands aduersaires auoyent la
curiosité de venir seulement en nos Temples, à l'heure que nous y sommes as-
semblés pour le seruice de Dieu , pour
ueu qu'ils peussent vn peu mettre à part
leur passion, ils en remporteroient sans
doute vne grande edification , & nous
n'aurions point à faire de nous étendre
en cette partie de nostre defense. Mais

pource qu'ou bien les directeurs de leurs
confciences les en détournent, ou bien
ils y ont de la repugnance d'eux mefmes,
ou ils craignent de fcandalifer ceux de
leur profeffion, & d'engendrer en leurs
efprits de mauuais foupçons, ou bien finalement les occupations de la vie prefente, & quelque nonchalence les retlér,
ie reprefenteray icy brieuement ce que
c'eft, afin qu'aumoins quelques vns s'in-
ftruifent en particulier, de ce contre quoy
tant de gens crient ordinairement, fans
en auoir aucune certaine connoiffance.

Outre les prieres particulieres de chaque perfonne & de chaque famille, qui fe
font foir & matin dans les Maifons, &
la lecture de la Parole de Dieu, qui fe
fait reglément en diuers lieux apres les
repas, nous auons, ou la commodité le
peut permettre, diuers iours en la femai-
ne deftinés à la predication, & aux autres parties du Culte diuin. Sur tout y
auons nous fi particulierement confacré
le fainct Dïmanche, à l'imitation des A-
poftres & de toute l'Eglife ancienne, en
memoire de la Refurrection du Sauueur,
qu'il n'y a lieu où il nous foit permis de le
faire par les Edicts, auquel ceux de noftre profeffion ne s'affemblent ce iour là

solennelement vne ou deux fois, pour
rendre à Dieu les deuoirs de leur pieté, &
en s'auançant en la sanctification, se confirmer de plus en plus, en l'esperance de
la vie. Là donc la premiere chose qu'on
fait est qu'apres l'inuocation du nom de
Dieu, quelqu'vn qui est destiné pour
cela lit hautement l'Ecriture en langage
populaire, afin de donner au peuple la
connoissance de l'histoire sainte, quelque teinture des predictions des choses
futures lesquelles y sont contenuës, &
sur tout l'intelligence des mysteres de
nostre redemption. Ce qui ne se peut
faire sans luy inculquer les enseignemens
à la pieté & à la vertu, & les consolatiõs,
& les exhortations qui nous y ont esté
laissées par les Prophetes & par les Apostres. Et on ne sçauroit suffisamment representer combien cotte lecture a d'efficace pour émouuoir les consciences, &
pour imprimer de bonnes pensées dans
les ames des Chrestiens. Aussi a t'elle esté
si soigneusement pratiquée en l'Eglise
Primitiue, qu'il y a eu des Lecteurs en
charge particuliere pour cela, qui depuis ont tenu rang entre les ordres de
l'Eglise. A cette lecture on entremesle le
chant de quelques Pseaumes de Dauid

comme ils ont esté mis en rime par Clement Marot & par de Beze. Or d'autant que de tout le Vieux Testament le liure de ces saints Cantiques est sans aucune difficulté le plus beau, & le plus capable de former les hommes à la pieté, ce n'est pas chose conceuable à ceux qui ne l'ont point experimenté, combien ce chant adiouste à la deuotion, ni quelle vtilité ceux qui y ont de l'attention en recueillent. Car il n'y a personne en affliction, qui n'y trouue de la consolation, il n'y a qui que ce soit en prosperité, qui n'y trouue dequoy s'exciter à loüages & à actions de graces Les prieres y sont ardentes tout ce qui se peut, les loüanges des vertus de Dieu y sont illustres & magnifiques. Les accouragemens à la patience y sont souuerainement puissans, les promesses & les asseuráces de la bonne volonté de Dieu y sont expresses à merueilles. Les exemples de ses iugemés & de ses benedictions y sont en grand nombre dans les histoires du temps passé, les predictions de ce qui deuoit arriuer à nostre Seigneur y sont si exactes & si precises, que vous diriés que ses actions & notamment ses passions, y ont esté peintes. Les exhortations à la pieté, a la

saincteté, & à la vertu y éleuent l'ame iuſques dans les Cieux, les imprecations
prophetiques que Dauid y fait contre les
meſchans, & les denonciations des iugemens de Dieu deſſus eux, ſont capables
de mettre la terreur & l'épouuentement
dans les ames les plus inſenſibles. Au reſte tout cela y eſt ſemé de ſi beaux ornemens, enrichi de ſi glorieux emblémes, &
rehauſſé de penſées ſi ſublimes & ſi cele-
ſtes, qu'il faut eſtre plus brutal que les
brutes meſmes, & plus endurci que les
rochers, pour n'en eſtre point raui en admiration, & pour n'en ſentir point d'incomparables elancemens de pieté, & d'in-
nenarrables émotions de deuotion en la
conſcience. Nous ſçauons bien qu'il y a
quelques eſprits mal formés, & meſmes
entre les Predicateurs, qui taſchent autant comme ils peuuét de rendre ce ſaint
exercice ridicule. Car ils trouuent étrange premierement qu'vniuerſellement
tout le monde y chante, tant les petits
que les grands, ſans en excepter les femmes meſnes. Puis apres ils cherchent par
cy par là quelques vieux mots & quelques locutions ſurannées, qui ſe rencontrent notamment dans la rime de Marot,
qu'ils tournent en deriſion; iuſques là

qu'il y en a quelques vns qui les veulent
faire feruir à engendrer dans les efprits,
des penfées fales & profanes. Or pour ce
qui eft de ces derniers, ie ne leur refpons
point. Ils ne font pas dignes que les gens
d'honneur s'amufent à eux, & beaucoup
moins d'eftre receus à monter dans les
chaires deftinées à la predication, lefquelles doiuent eftre fi faintes & fi vene-
rables. Ie diray feulement que pour ce
qui eft de la vieilleffe de l'elocution, fi
nous voulions nous entrechicaner, &
nous rendre ridicules les vns les autres, il
fe trouueroit d'auffi mauuais mots, &
auffi peu congrus pour le moins, dedans
le Latin de la Meffe, qu'on en rencontre
dans le François de la rime de Marot.
Chacun fçait combien noftre langue eft
expofée au changement, & comment au
bout de neuf ou dix ans pour le plus vne
façon de parler qui a eu de l'elegance en
fon temps, deuient quafi barbare &
eftrangere à nos oreilles Tant y a que ces
Pfeaumes, dont on fe rit à cette heure,
eftoient il y a cent ans l'admiration des
Cours des Rois, & qu'auant que l'vfage
auquel nous les auons employés les euft
rendus odieux, ils eftoient vniuerfellement eftimés par tout le Royaume. Et

ceux qui ont quelque sens & tout enfemble quelque candeur, aduoüent que si
l'on en oste quelques vns des plus vieux
termes, qui sont en assés petit nombre
pourtant, ils ont en leur simplicité vne
grace tout à fait incóparable. Tellement
que les efforts qu'y ont fait lés Des-Por-
tes & les Marillacs, & generalement tous
ceux qui se sont étudiés à estendre ces
saints Cantiques en Paraphrases, les ont
bien surmontés en pompe & en elegance
quelquesfois, mais n'ont iamais sçeu ap-
procher de cette claire naïfueté qui res-
pond si parfaitement au texte originel du
saint Prophete. Mais nous viuons en vn
temps auquel on ne fait plus de cas ni de
la beauté des pensées, ni de la grace naturelle d'vne diction simple & sans fard, ni
de cet air genereux & quelquesfois vn
peu nonchalant d'vn genie qui enfante
ses productions sans peine, ce qui a rendu si recommandables les ouurages des
plus anciens auteurs, si le moindre petit
mot qui n'est pas à la mode les des-ho-
nore. La pieté mesme n'est pas agreable
si elle n'est adjustée selon le téps, & pour
plaire, il faut qu'elle étudie tous ses pas,
& qu'elle pese tous ses mots, & que toutes ses periodes tóbent en cadance. Cer-

tainement cette curiofité au choix des
mots , ce nombre & cette mefure qu'on
affecte maintenant auec tant de foin dans
les periodes , & cette iufteffe fi parfaite
qu'on obferue dans la ftructure des termes , & dans la mefure des vers , a quelque chofe fingulierement elegant. Mais
outre qu'il a efté ingenieufement & iu-
dicieufement dit par quelqu'vn, que c'eft
vne faute en maniere de bien dire, que de
ne faillir du tout point , & qu'vn foin fi
fcrupuleux femble auoir quelque chofe
de feruile, c'eft bien fouuent vne gefne
des efprits, qui leur fait perdre quantité
de beaux élans & de genereufes penfées.
Quoy qu'il en foit, car ie m'auance peut
eftre vn peu trop , la Religion n'a iamais
efté fuperftitieufe en matiere de paroles,
& comme elle n'emprunte point fon efficace de l'eloquence du fiecle, auffi ne fe
donne t'elle pas beaucoup de peine d'e-
ftre parée de fes ornemens. Il luy fuffit
qu'on l'entende feulement , & femble
qu'elle fe plaife à triompher en fa fimplicité, de la pompe & de la magnificence
du monde. Pour ce qui eft de permettre
que toutes perfonnes chantent en nos
Affemblées ; ceux qui nous en blafment
ne fçauent pas que l'Eglife Primitiue le

pratiquoit ainſi, comme ſy en a de beaux
enſeignemens dans Pline Second, dans
Chryſoſtome, dans S Auguſtin, & quantité d'autres. Veritablement ſi cela en-
gendroit quelque confuſion, il s'en faudroit abſtenir, afin qu'en l'Egliſe de Dieu
tout ſe fiſt, ſelon le precepte de S. Paul,
honneſtement & par ordre. Mais bien
que ces Pſeaumes ayent eſté mis ſur vne
Muſique vn peu difficile en quelques endroits nous ſommes tellement accouſtu-
més à les chanter dés noſtre bas âge,
que les plus ſimples du populaire s'y rencontrent en vn parfaitement bon accord
auec les meilleurs Muſiciens, & que du
meſlange de tant de voix ſe forme ie ne
ſçay quelle harmonie, dont le ſeul ſon a
quelques fois raui les paſſans, tant l'air
de ce chant eſt melodieux, & tant il eſt
propre à donner à l'eſprit des émotions
extraordinaires. Pour nous certes nous
pouuons bien parler de ce que nous en
experimentons, & dire en toute verité
qu'il y a telle occaſion où ces diuines paroles animées de la façon, mettent quaſi
nos ames hors d'elles meſmes. De ſorte
que ie ne croy pas qu'il ſe puiſſe voir en
terre vne plus belle image de ce que nous
eſperós quelque iour en Paradis, qu'vne

telle congregation de perſonnes aſſemblées pour les actions de pieté, lors qu'elle pouſſe vers le ciel les loüanges de Dieu
ſur tant de voix, ou reluiſent de tous co-
ſtés les étincelles de ſa deuotion & de
ſon zele. Le Miniſtre eſtant venu apres
cette lecture & ce chant, il fait aſſés ordinairement lire les Commandemens de
Dieu, que l'on écoute auec reuerence,
les hommes ayans la teſte découuerte
par reſpect, & tout le reſte de l'aſſem-
blée en profond ſilence. Ce qui donne
de la reuerence pour la Loy de Dieu, & la
rementoit à chacun de nous, pour en
faire la regle de noſtre côduite. Cela fait
le Miniſtre monte en chaire, & cômence
ſon action par vne generale côfeſſion des
pechés de toute l'aſſéblée, par vne proteſtation ſolennelle de repentance, & par
vne priere bien expreſſe & bien empha-
tique pour demander pardon à Dieu, &
implorer l'aſſiſtance de la grace de ſon
Eſprit au nom de noſtre Seigneur Ieſus
Chriſt. Apres cela il fait chanter vne pau-
ſe d'vn Pſeaume ou choiſi expreſſément
pour ſon action, ou ſuiui ſelon l'ordre
eſtabli dedans l'Egliſe, & le Cantique a-
cheué, il recommence vne autre priere,
dans laquelle reconnoiſſant la ſublimité
incom-

incomprehéſible des myſteres de la Foy,
& l'imbecilité naturelle de l'entenden.ét
de l'homme, il demande à Dieu l'illumination de ſa grace, pour bien comprendre
ſes diuins ſecrets, & la faculté de les
enoncer en pureté & en verité, à l'edification de ceux qui l'entendent. Sur tout
il le prie qu'il rende ſa Parole efficace par
ſa benediction, à ce qu'elle entre bien a-
uant dedans les eſprits de ſes auditeurs,
& qu'elle y ſoit comme vne ſemence ſeconde de ſanctification, qui produiſe
abondamment les fruits de iuſtice & de
pieté, à la gloire de Dieu, à l'edification
du prochain, & au ſalut de chacun particulier; puis il conclud par l'oraiſon Do-
minicale. En ſuite apres auoir aduerti
d'écouter auec reuerence & obeiſſance
de foy, il lit quelque partie de l'Eſcriture, qu'il ſe propoſe d'expoſer, & puis s'e-
ſtant compoſé à parler, tout le monde ſe
diſpoſe à l'eſcouter en ſilence. Alors
apres vne preface accómodée à ſon texte, ou à quelque occaſion qui ſe preſente,
il explique ſon ſujet le plus exactement
qu'il ſe peut, ſe tenant ſerré aux paroles
& a l'intention de ſon auteur, ſans ſe
laiſſer emporter ni a des digreſſions inutiles, ni a des narrations d'hiſtoire hors

de propos,ni a des amplifications pedan-
tefques, ni a beaucoup de citations d'anciens auteurs, de quelque nature qu'ils
foyent, & fe contente d'expliquer, d'illu-
ftrer, & de confirmer ce qu'il fe propofe,
par paffages de la Parole de Dieu, & par
les raifons qui s'en déduifent. S'il fe prefente en fuite quelque controuerfe, à la
decifion de laquelle la matiere dont il fe
traitte puiffe feruir, il la y applique mo-
deftement, fans autre chaleur & fans autre paffion que celles qui font permifes
par les loix de difputer, & que la vehemence ordinaire de la predication donne. En quoy il luy eft fouuerainement re-
commandé de ne témoigner point qu'il
aime la controuerfe auec qui que ce foit,
& de n'infulter point aux perfonnes auec
qui eft le demeflé, ni mefmes au dogmo
qu'il entreprend de refuter, finon autant
que la gloire de la verité le requiert, &
que l'amour de la paix. & le refpe& des
perfonnes le peut permettre. En fin il
vient aux enfeignemens que le paffage
qu'il a traitté luy fournit, pour les appliquer en remonftrances, en exhortations,
en confolations & en accouragemens felon la neceffité des occurrences. Particulieremét il infifte fur les exhortations

à la pieté, à la sainteté, à la vertu, à la charité, au mespris des choses du monde , à
la patience en affliction, à la confiance en
la bonté de noftre Seigneur, à l'obeïffan-
fance aux Magiftrats. tãt Souuerains que
Subalternes, & a dreffer toutes fes penfées vers le prix de l'immortalité, dont il
ramentoit toufiours l'efperance à la fin
de fon propos, felon les promeffes de l'E-
uangile. Tout cela fe fait auec vne fimplicité & vne grauité digne de la fainteté de l'action , & du fujet qui s'y traitte,
fans geftes de bafteleur ou de charlatan,
fans contenances de bouffon ni d'hypo-
crite, fans affectation d'eloquence ni de
vaine erudition, fans marques de vanité,
fans oftentation, & fans parade. De forte
que s'il y paroift quelque vehemence &
quelque grace dans la prononciation,
c'eft l'excellence du fujet & la nature du
predicateur qui la donne. S'il y a quelques fleurs en fon langage , & quelques
ornemens en fon propos, on les y void
naiftre d'eux mefmes, & non y eftre ame-
nez de loin : & quoy qu'on n'y vienne
point fans premeditation , l'action eft
toufiours pleine d'autant de fimplicité,
& autãt efloignée de la magnificence de
l'art, que fi elle eftoit impremeditée. De

forte qu'à l'imitatiõ de l'Apoſtre S. Paul,
toute l'efficace de telles predications depend, non des diſcours attrayans de la
ſapience du ſiecle, mais de la Parole de
Dieu, & de la vertu de ſon Eſprit qui l'accompagne. Mais elle s'y déploye de telle
façon, que ſouuent il y en a peu dans l'aſ-
ſemblée qui n'en ſoyent émeus ; & quelquesfois on y experimente de tels tranſports, que s'il plaiſoit à Dieu retirer du
monde à l'heure qu'on eſt ainſi raui, on
en ſortiroit non ſeulement ſans regret,
mais auec vne alegreſſe incomparable.
Le Preſche eſtant acheué le Miniſtre ſe
met à prier Dieu, ou bien en termes qu'il
conçoit luy meſme, ou bien ſelon les
formulaires que nous en auons en nos
Egliſes. Quoy qu'il en ſoit, tous les
Dimanches il recite en la preſence du
peuple, qui le ſuit des mouuemens de ſa
deuotion, vne aſſés longue priere, dans
laquelle nous auons recueilli tout ce
qu'il eſt neceſſaire de demander à Dieu,
tant pour le public que pour les particuliers, tant pource qui regarde la vie preſente, que principalement pour ce qui
concerne celle qui eſt à venir. Là donc
apres auoir declaré que c'eſt en la ſeule
confiance des promeſſes que Dieu nous

a faites en Iesus Christ, que nous nous presentons deuant luy, pour luy addresser nos oraisons, nous commençons à le prier pour les Puissances du monde, & notáment pour le Roy qu'il nous a donné, luy demandans ardemment toute sorte de faueur, de protection & de benediction pour sa personne, & pour son Estat. En suitte nous ne manquons iamais de prier pour la Reyne, pour Monseigneur le Frere du Roy, Monseigneur le Duc d'Orleans, Messeigneurs les Princes du Sang, & de tous ceux de la Maison Royale, & du Conseil de sa Majesté, auec tous ceux qui sont en autorité en l'administration des affaires du Royaume. Nommément nous répandons nos vœux en la presence du Seigneur, pour les Gouuerneurs des Prouinces & des Places dans lesquelles nous habitons, & pour les Magistrats à qui la Iustice & la Police en est commise, à ce qu'il luy plaise les benir & les conduire par son Esprit en l'exercice de leurs charges, & qu'il encline leurs cœurs vers ceux qui le seruent en pureté. De là nous passons à prier pour les Pasteurs que Dieu a établis dessus son Eglise, à ce qu'il leur donne de s'acquiter fidelement de leur

deuoir ; pour tous hommes generalement, à ce qu'il les appelle à sa connoiffance ; pour tous ceux qui font affligés,à
ce qu'il les confole & qu'il les deliure;
pour tous ceux qui souffrent persecution
pour la verité, à ce qu'il les fouftienne
& qu'il les rende inuincibles ; & en fin
pour nous mefmes, à ce qu'il nous rende capables de la iouïffance de fon Royaume ; puis nous finiffons par l'oraifon
de noftre Seigneur , & par le recit du
Symboles des Apoftres. Quelques-fois
dans les afflictions publiques , dans la
celebration de nos ieufnes, ou quand
quelque autre occafion le requiert, nous
fuiuons vn autre formulaire de priere,
que nous auons encore en la Liturgie de
nos Eglifes, dont toute la matiere eft à
peu pres femblable à la precedente, finon que la confeffion des pechés y eft
encore plus expreffe , les fentimens de
repentance aucunement plus vifs & plus
profonds, les vœux encore ie ne fçay
comment plus feruens, & les marques
de l'humiliation de l'efprit, telles qu'elles doiuent eftre en vn dueil public, &
en vne affliction extraordinaire. Or ie
ne veux point autrement recommander
ces prieres que par le iugement que nos

ennemis mesmes en ont fait. Car ils les
ont trouuées si dignes du Christianisme,
si propres à enflamer la pieté, si pleines
d'esprits & d'action, si belles & si effica-
ces, que quelques Curés de Paris les ont
inserées dans le volume des prieres qu'ils
ont recueillies pour mettre entre les
mains de leurs parroissiens. De sorte
qu'il y a tel qui sans nous connoistre,
nous maudit , qui prie Dieu comme
nous pourtant, & à qui nous fournissons
le moyen de nourrir & de fomenter ce
qu'il y peut auoit de bon dans sa pieté,
sans qu'il y pense. Apres ces prieres, s'il
y a quelqu'vn des Sacremens à celebrer,
on le fait autant que l'on peut auec la reuerence conuenable. Car s'il faut bapti-
ser vn enfant, on l'apporte en la presence de toute l'Eglise, afin d'estre consacré
à Dieu le plus solennellement qu'il se
peut, & là estant presenté au Ministre
par le pere, & en son nom par ceux qu'il
a choisis pour cét effet, on lit publiquement le formulaire dans lequel nous
auons compris l'institution du saint Baptesme, son but, ses fruits, son efficace,
& les principales choses pour lesquelles
nous croyons qu'il doit estre administré
aux petits enfans. Puis par vne priere

folennelle on offre cét enfant à Dieu, en demandant au nom de noſtre Seigneur Ieſus Chriſt qu'il ſoit fait participant de ſon ſalut, & que le Bapteſme produiſe en luy ſa vertu, en remiſſion du peché originel, & en ſanctification, lors qu'il en ſera venu en aage. Et apres auoir tiré promeſſe de ceux qui le preſentent, qu'ils l'inſtruiront en la foy de l'Euangile, & en l'amour de la pieté, on luy verſe de l'eau ſur la teſte, en le baptiſant au nom du Pere, & du Fils, & du Sainct Eſprit. Si c'eſt le temps & l'occaſion de participer à la Cene, on adjouſte premierement quelque choſe à la priere publique, pour demander à Dieu qu'il nous diſpoſe à communiquer deuotieuſement à ce Sacrement, & qu'il le rende efficacieux au ſalut & à la conſolation de nos conſciences. Puis on lit le formulaire dans lequel nous auós compris ſon inſtitution, comme elle eſt rapportée par S Paul. & brieuemét expliqué l'vſage de cette ceremonie, ſa nature & ſon effiace. coniointement auec les exhortations par leſquelles le Miniſtre réueille les cóſciences des aſſiſtans. Par là il les incite à s'examiner eux meſmes, & à ſe diſpoſer à la communion par foy & par repentance, & par de saintes dispositions à la charité, en denonçant à ceux qui ne sont pas bien preparés, de s'abstenir de ces saints mysteres. Ce qui ayant esté fait auec toute la grauité conuenable, le Ministre prononce quelques paroles tirées de l'Escriture sur le pain & le vin du Sacrement, communie auec ses Collegues, & en suite donne à cómunier à tous ceux de l'assemblée qui s'y veulent presenter, & qui portent auec eux certaine marque qu'ils sont reconnus pour estre de nostre profession. Là viennent premierement les hommes, selon la prerogatiue de leur sexe, la teste découuerte, & en estat de respect & d'humilité : puis les femmes en vne modeste contenance, sans pompe d'habillemens, & sans marques de vanité ; & ainsi chacun estant aduerti par la bouche du Ministre, que c'est la communion au corps & au sang de Christ, qu'on luy donne pour sceau de la remission de ses pechez, préd le pain & la coupe de sa main, communie debout en tesmoignage de reuerence, & puis se retire en sa place sans tumulte ni confusion. La Communion parachenée, le Ministre remonte en chaire, rend graces à Dieu solennellement de ce qu'il a fait la faueur à l'assemblée de l'as-

tirer à la communion de son Fils, & le
prie d'en imprimer bien profondement
la souuenance dans la conscience de ses
Fideles, & de leur rendre cette sainte ceremonie singulierement efficace en sanctification. Qu'y fait on chante le Cantique d'action de graces, à l'imitation de
nostre Seigneur & de ses Apostres. Si ce
n'est point iour de celebrer les Sacremés,
apres la Priere dont i'ay cy dessus parlé,
on chante vne pause de Pseaume, apres
laquelle on dône la benediction au peuple par les paroles que Dieu auoit autrefois ordonnées en sa Loy, & le renuoye
t'on en paix auec exhortation de n'oublier iamais la charité enuers les povres.
Outre tout cela, dans les Eglises vn peu
populeuses, & ou ni l'éloignement du
lieu, ni les autres incommodités qui tra-
uersent les exercices de plusieurs, n'em-
peschent pas l'obseruation d'vn ordre vn
peu plus exact, on explique le Catechis-
me le Dimáche à l'apresdsnée. Car nous
auons fait sous ce nom vn recueil de toutes les doctrines fondamentales à la Religion Chrestienne, disposé par interro-
gations & par responses, accommodé le
plus qu'on a peu à la capacité des enfans,
& où on a brieuement touché les prin-

cipales controuerses de nos temps. On
en prend donc vne section, qu'on fait re-
citer à quelques enfans, puis on l'expose
deuant le peuple le plus intelligiblement
qu'il se peut, afin de donner à la ieunesse
de bonnes impressions, tant pour ce qui
est de la doctrine, que pour ce qui regarde la pieté & les bonnes mœurs : ce qui
renouuelle en l'esprit de tous les assistans
les idées des connoissances qu'ils auoient
desia acquises. Tellement que tous les
ans ; car le nombre des sections est à peu
pres côme celuy des Dimanches de l'an-
née ; on donne au peuple Chrestien vne
exposition populaire de tous les mysteres de la Foy, & on le premunit des principales raisons par lesquelles il en faut
defendre la verité contre les erreurs les
plus importantes. Ce qui est accompa-
gné de Prieres, de chant de Pseaumes, &
de toutes les parties du Culte que i'ay
cy-dessus décrit.

Or ne veux je point icy faire de comparaison entre ce seruice que nous rendons
à Dieu par nostre Seigneur Iesus
Christ, & celuy qui est receu en la Communion Romaine. Les ceremonies y sont
si diuerses, le langage si different & generalement toutes choses y sont si dinere-

ꝓralement oppofées , qu'il faudroit trop
allonger cette Apologie pour bien expliquer & bien demonſtrer les raiſons de ſi
differentes inſtitutions, les auantages de
l'vne par deſſus l'autre, & l'edification, &
la ſanⱥtification que le peuple en peut
remporter. Chacun peut aſſez faire cette
comparaiſon de ſoy meſme , & qui qu'il
ſoit, s'il ne ſe laiſſe point trop maiſtriſer
par les paſſions & les preiugés , nous ne
craignós pas que le iugemét qu'il en fera,
nous ſoit autre que fauorable Et quant à
ceux qui ont quelque connoiſſance de la
premiere antiquité de l'Egliſe, cóme nous
en auons les enſeiguemens dans les écrits
des Apoſtres, de Iuſtin Martyr, de Tertullian , & de quelques autres , ils ne
nieront pas que noſtre Culte ne luy ſoit
ſans contredit plus conforme, que celuy
que l'Egliſe de Rome pratique maintenant. Ie diray ſeulement que toute comparaiſon miſe à part, & à nous conſiderer purement & ſimplement en nous
meſmes, il n'y a rien en tout ce ſeruice
de nos Egliſes, qui merite la haine publique, que pluſieurs eſſayent de nous
faire porter depuis ſi long-temps. Car
tout ce que nous y faiſons eſtant conforme à noſtre creance , & noſtre creance

ce eſtant, comme nous l'auons veu cy-
deſſus, de l'adueu meſme de nos aduerſaires, le Chriſtianiſme en tous ces principes, & dans ſes plus belles & plus importantes concluſions, le ſeruice qui eſt
edifié deſſus ne peut ſinon eſtre propre à
engendrer la pieté enuers Dieu, & la
charité enuers les hommes. Or ſi nous
ſommes dignes de haine pour eſtre pieux
enuers Dieu, & charitables enuers nos
prochains, par quel moyen nous conci-
lierons nous la bóne volonté de nos concitoyens, & qu'eſt-ce qui nous pourra
rendre recommandables enuers nos Superieurs, pour obtenir leur protection, &
les effets de leur equité, ſi ces qualités
nous les alienent? Il eſt vray qu'il y en a
quelques vns qui ſont equitables iuſques
à ce point, que de confeſſer que nous ne
ſommes point dignes de l'auerſion qu'on
a pour nous, à cauſe de ce que nous croyons; mais ils pretendent que pour ce que
nous n'en croyons pas aſſés, nous n'en
faiſons pas aſſés auſſi, & qu'encore que
nous embraſſions vne partie du ſeruice
de D eu, ſi ne peut on pas ſupporter que
nous en rejettions l'autre. Car comme
ceux là ſont odieux qui cómettent quelque choſe contre les reigles que Dieu

nous a données pour conduire noftre
pieté, auffi ceux là tombent-ils dans vn
notable defaut, qui ne rempliffent pas
toute la mefure de ces regles, & qui re-
tranchent quelque partie de la pieté que
nous luy deuons. Pour donc fatisfaire à
cette plainte, qui feule refte à faire contre nous, outre les reflections que nous
auons faites cy deffus, ces Meffieurs fans
doute trouueront bon que nous leur re-
prefentions deux chofes. L'vne eft, que
quand on s'abftient de quelque partie du
feruice de Dieu par mépris, il n'y a point
d'excufe pour celuy qui le fait, ni deuant
Dieu, ni deuant les hommes. Mais quand
on le fait par mouuement de la confcience, & pource que n'eftant pas bien infor-
mé de la volonté de noftre Seigneur, on
a peur d'en faire trop, il a fans comparai-
fon plus agreable cette modefte timidité, que la ten.erité de ceux qui fe portent
indifferemmét & fans aucune circonfpe-
ction, à ce dót ils n'ont aucune certitude
qu'il foit legitim e. Car quoi que c'en foit,
la timidité en telles chofes eft vne marque de refpect, au lieu que la precipita-
tion, qui induit à faire à tors & à trauers
tout ce que la fantaifie nous fuggere, ou
à receuoir sás examiner tout ce qui nous

eſt fourni par autruy , monſtre qu'on ne
ſe donne pas beaucoup de ſollicitude ſi
le ſeruice qu'on rend à Dieu luy peut
eſtre agreable ou non. C'eſt pourquoy
S. Paul enſeigne conſtamment & diſertement, qu'encore que l'vſage de toutes
ſortes de viandes ſoit indifferent de ſa
nature, & permis par la doctrine de ſalut, ſi eſt-ce que celuy qui s'en abſtient
pource qu'il a peur d'offenſer Dieu, &
de violer quelqu'vne de ſes inſtitutions
s'il en vſoit , luy eſt ſans comparaiſon
plus agreable que celuy qui nonobſtant
le ſcrupule qu'il en fait , s'y laiſſe emporter par l'exemple , ou par quelqu'autre tel motif. Puis donc que non ſeulement nous ſoupçonnons que ce qu'on
eſtime eſtre de máque dans noſtre creance, & dans le ſeruice qui s'en ſuit, eſt
pluſtoſt vn excés que non pas vn defaut,
mais meſmes que nous ſommes viuemét
& profondement perſuadés que ce ſont
choſes ennemies de la gloire de noſtre
Sauueur, & pernicieuſes à noſtre eſperance, nous ſerions dignes de beaucoup
plus d'auerſion qu'on n'en a pour nous
ſi nous nous laiſſions emporter par deſſus cette perſuaſion & ce mouuement de
nos conſciences. L'autre eſt, que ſi ceux

qui eftiment que noftre creance eft defe-
ctueufe, y veulent adjoufter quelque
chofe , & nous perfuader ce que nous
ne croyons pas , il faut qu'ils prennent
tout le contrepié de la violence & de la
haine. Car outre que les creances ne
s'impriment que par la raifon , outre que
la religió Chreftiéne à cela de particulier
par deffus toute autre difcipline qui foit
fur la terre, qu'elle forme les efprits des
hommes à la douceur & à la debonne-
raité , diuerfes confiderations font que
la haine & l'animofité , & les traittemens
dé fauorables, produifent en nous vn effet tout contraire à l'intention de ceux
qui les employent en noftre endroit.
D'vn cofté nous fommes hommes, qui
auons les reffentimens naturels tous femblables à ceux des autres , finon autant
que nous tâchons de corriger par la Parole de Dieu ce qu'il y a de vicieux.   Or
c'eft le naturel de tous les hommes de fe
roidir contre la contrainte, & de tâcher
de maintenir leur liberté. Et bien que
pour ce qui regarde les actions corporel-
les que nous pouuons faire en bonne
confcience , nous ployons volontairement fous l'autorité de nos fuperieurs, &
qu'on ne nous peut pas accufer d'y eftre

plus refractaires que ceux de l'autre
communion, si est ce que pour ce qui
regarde les opinions de l'esprit en matiere de Religion, nous sommes éleués
dés nostre enfance à deferer peu à toute
autre autorité qu'à celle de Dieu. Car
on nous persuade par la connoissance
de la verité, on force nos entendemens
par son euidence, on nous fait voir à
l'œil & toucher à la main les raisons de
ce qu'on veut que nous croyïons, &
nous sommes si habitués à cela, qu'vn
seul passage de l'Ecriture que nous entendons bien, a plus de poids enuers
nous que l'autorité de tout vn Concile.
Tellement qu'en des ames ainsi dispo-
sées dés leur enfance, & qui ne sont
menées en telles choses d'autre passion
que du zele de la gloire de Dieu, & du
desir de leur salut, il ne faut pas esperer
de faire iamais entrer aucun dogme de la
Foy, sinon à force de raisons accompa-
gnées de demóstration de douceur & de
bien-veillance. D'autre costé cette façon
de nous vouloir conuertir par des traitte-
temens peu equitables, nous rend sus-
pecte la creance de ceux qui en vsent enuers nous. Pour ce que de toutes les verités qui sont au monde, la plus claire &

la plus euidente est celle de la Religion
de Christ. C'est elle sans doute qui a le
plus d'attraits pour se persuader aux hom
mes aucunement raisonnables, & le plus
de force encor pour conuaincre les con-
tredisans. Et afin de faire d'autant plus
paroistre cette clarté & cette force de la
Foy Chrestienne, Dieu a expressément
voulu que quand elle s'est établie en la
terre, elle n'eust aucun support dans les
puissances du Móde, & qu'elle tirast tous
ses auantages d'elle mesme & de sa naturelle beauté. Aussi a t'il esté sans doute
beaucoup plus glorieux pour elle, que
douze povres pescheurs, qui auoiét pour
ennemis tous les Potentats de la terre,
l'ayent neantmoins renduë victorieuse
de tout l'Vniuers, & aient amené les plus
grans Empires sous l'obeïssance de Iesus
Christ, que si Dieu l'eust armée des choses qui ont de l'éclat, & qui impriment de
la terreur dans les entédemens des hommes. Si donc c'est la verité qu'on nous
veut faire receuoir, on luy fait tort d'y
employer, non certes les violences ouuertes & les persecutions, car la bonté de
nos Rois & la Iustice de nos Gouuerneurs nous en garentit, mais les iniquités
moins découuertes, & les traittemens

peu fauorables que quelques vns des
Officiers de Iudicature, & la plufpart des
peuples pratiquent affés ordinairement
enuers nous. En fin, pource que les anciens Chreftiens ont dit alors qu'on les
mal traittoit, que la verité eft eftrangere
en ce monde, & partant que ce n'eft pas
chofe eftrange fi elle y trouue peu de faueur, côme les efprits des hommes font
enclins à tirer toutes chofes à leur auantage, nous ne fentons aucun effet de la
mauuaife volonté de nos concitoyens,
qu'il ne nous vienne incontinent en la
penfée, que c'eft la verité de Dieu que
nous maintenons, & que l'on combat en
nos perfonnes fans la connoiftre. A quoy
nous adiouftons cette côfideration, que
le Seigneur Iefus & fes Apoftres ont pre-
dit. que la Religion qu'il annonçoyent
fouffriroit beaucoup de contradiction
en la terre. *Vous ferés* dit le Sauueur, *hays
à caufe de mon Nom.* Nous fçauons bien
qu'il faut vfer de quelque retenuë à rai-
fonner de cette forte, & qu'il faut eftre
perfuadé par d'autres preuues que par
les chofes que l'on fouffre, que c'eft la
verité qu'on defond. Car les Iuifs endu-
rent auffi de la part des Chreftiens, &
quelques vns d'entre les peuples Payens

ont esté exposés à beaucoup de calamités
de la part de gens qui font profession du
Chriſtianiſme. Les Indes Orientales, &
particulierement les Occidentales , en
ſont teſmoins , & bien que les Eſpagnols
y ayent exercé des rigueurs & des cruau-
tez ſans exéple , on ne ſçauroit pas pourtant exenter abſolument de blaſme en cet
eſgard les autres nations qui les conque-
ſtent. Il ſe peut faire qu'en Angleterre &
en Ecoſſe les Catholiques Romains n'y
ont pas tous leurs contentemens, comme
au contraire on dit qu'en Irlande les Pro-
teſtans ont ſouffert depuis peu de temps
des inhumanités épouuentables. *Tan-
tum relligio potuit ſuadere malorum!* Mais
veritablement & les vns & les autres ont
tort, ſi ſous pretexte de Religion, & ſi par
le zele qu'ils ont pour celle dont ils font
profeſſion, ils commettent quelque choſe contre ce qui eſt de l'humanité, & contre la iuſtice des loix ſous leſquelles ils
viuent. Et ſi les Catholiques d'Angleterre auoient eu par le paſſé, & auoient encore maintenant, des Edits ſous la pro-
ҫtion deſquels ils fuſſent à couuert, comme nos Rois nous en ont donné, ie tien-
drois les Reformés pour indignes de la
qualité qu'ils portent, s'ils abuſoyent de-

leur autorité pour en eneruer la vigueur, & s'ils ne les obseruoient ponctuellemēt en toutes occurrences. Car qui n'est pas iuste en sa conduite, n'est pas veritablement deuotieux, & qui n'obserue pas les loix qu'il doit maintenir, soit en qualité de personne priuée ou de personne publique, n'est pas iuste. Ce zele destitué de iustice & d'equité, est passion, & bien qu'elle nous aueugle quāt à nous, & que nous pensions faire sacrifice à Dieu quád nous nous y laissons emporter, Dieu ne ñous en aduouëra pas pourtant, & ne receura point en iugement nostre passion pour son zele. Car le vray zele n'est rien sinon vne certaine feruour d'amour pour la gloire de Dieu & sa verité; au lieu que la passion est vn excés de l'amour que nous nous portons à nous mesmes. Or il n'est pas raisonnable que l'amour démesuré que nous portons, & aux choses que nous considerons pour nostre interest, nous soit alloüé en conte, comme si nous n'y considerions rien sinon Dieu, & les choses qui le regardent. En fin, quand cette haine qu'on porte à nostre doctrine ne seroit point vne marque certaine & indubitable de la verité, si semble t'il qu'il est de la bonté & de la prudence

de ceux qui nous veulent attirer à eux, de
s'empescher de nous donner les occasions que nous la prenions pour telle.
Car tandis que nous le croirons ainsi, ce
sera vn obstacle insurmontable à cette
conuersion, laquelle ils font profession
de vouloir procurer de toute leur puissance.

CONCLVSION.

ICY ie prie le Lecteur de prendre en
bonne part que ie donne la conclu-
sion à cette Apologie, par quelques
brieues reflexions sur les actions & les
interests des Souuerains, dont les sujets
professent diuerses Religions : sur le deuoir des Magistrats inferieurs, à qui ils
ont commis l'administration de la iustice
& de la Police en leurs Estats : & en fin
sur la disposition des esprits des peuples,
& sur leurs deportemens en ces professions differentes. Et pour ce qui est des
Souuerains, comme ils sont quant à leurs
personnes, Chrestiens, & quant à leur
charge & à leur dignité, potentats, aussi
ont ils sans doute & des considerations
& des interests vn peu diuers, selon la difference de ces relations, mais que la
prudence Politique & Chrestiéne neantmoins, sçait fort bien accorder ensem-

ble. En ce qu'ils font profeſſion du Chriſtianiſme, non ſeulement ce n'eſt pas
merueille s'ils s'affectionnent à l'auancement de la creance qu'ils ont embraſſée,
mais il ſemble que chacun ſe doit eſtimer
obligé en ſa conſcience de le faire, & que
c'eſt vn inſtinc de la pieté. Car puis qu'il
y va du ſeruice de Dieu, ce n'eſt pas en
eſtre zelateur que de ne le prouigner pas
autant qu'on peut, ſelon la perſuaſion
qu'on en a; & puis qu'il y va du ſalut de
l'hóme, ce n'eſt pas eſtre émeu de charité
comme il faut, que de ne tâcher pas de
ramener au bõ chemin ceux que l'õ pen-
ſe qui s'en égarẽt. Neantmoins ni ce zele
ni cette charité ne les doit point porter
entant que Chreſtiés, au delà des termes
de la raiſon & de la douceur, ſeules voyes
conuenables pour faire entrer la Religion de Ieſus Chriſt dans la conſcience
des hommes. Ni luy, ni ſes Apoſtres n'y
ont point employé le fer & le feu, & s'il
eſt arriué que l'Euangile qu'ils ont an-
noncé, ait eſté cauſe dans le monde de
quelques combuſtions, cela eſt arriué
par le vice de l'eſprit humain, contre la
la nature de la doctrine de ſalut, & contre le deſſein de ſon auteur & de ſes Miniſtres. Entant qu'ils ſont Princes & Po-

tentats, ce n'eſt pas merueille non plus
s'ils ſouhaittent que leurs ſujets ne ſe bi-
garrent point en Religions, & ſemble
meſmes que leurs intereſts les y portent.
Car leur gloire & leur grandeur conſiſte
en l'entiere obeïſſance de leurs ſujets, en
la tranquilité de leurs Eſtats, & en l'v-
nion des parties qui les compoſent. Or
eſt·il trop ordinaire que la diuiſion des
ſentimens & des creances partage les af-
fectiós, n'y ayāt point de ſi violente paſſió
que celle qui s'allume dans la conſcience. Quand donc la diuerſité des ſentimens paſſe en difference de factions, il eſt
comme impoſſible que le Prince, tant
par le mouuement de ſa conſcience, que
par la profeſſion qu'il fait exterieuremét,
ne ſe declare pour l'vn des partis contendans, & qu'ainſi il n'afoibliſſe beaucoup,
s'il ne perd meſmes tout a fait le reſpect
& l'obeïſſance qu'il deuroit attendre de
l'autre. C'eſt pourquoy tous Potentats
s'oppoſent au commencement à toutes
Innouations, & nos Rois entre les autres, ou de leur propre mouuement, ou
par la ſuggeſtion de leurs Conſeils, ont
employé tout ce qui ſe peut imaginer de
rigueur, pour étouffer dans leur Eſtat la
Reformation en ſa naiſſance. En fin
pour·

pourtant l'experience des choses leur a
donné d'autres inclinations. Car pource que les prisons, & les gibbets, & les
feux, dont on s'estoit serui pour en ar-
rester le cours pendant le regne de François premier & de Henry second, ne
peurent empescher que nostre doctrine
ne gaignast dás toutes parties du Royaume, tellement que l'Etat estoit alors par-
tagé également, & que sous le Regne de
François II. ni le mal heureux succés de
l'entreprise d'Amboise, ni la prison du
Prince de Condé, ni la continuation de
la persecution contre les autres, n'empes-
cherent pas qu'ils n'allassent merueilleusement multipliant, la Reine Caterine de
Medicis, & ceux qui gouuernoiét l'Estat
sous la minorité de Charles, creurét qu'il
valoit mieux consentir à vne chose que
l'on ne pouuoit empescher, & donner
quelque liberté à la ferueur d'vn zele absolument inuincible. Ainsi fut fait l'Edit
qu'on appella de Ianuier, par lequel ceux
de la Religion eurent la liberté de leurs
exercices dans les faux-bourgs de toutes les villes, & generalement par tout
où ils estoyent en quelque nombre considerable, de sorte qu'il s'en forma deux
mille comme en vn moment. En quoy la

C c

Reyne Caterine, & les Princes & Miniſtres de l'Eſtat, firent ſans doute ceder lo
zele de la Religion à la prudence Politique, comme il eſt ſouuét abſolument neceſſaire en telles occaſions : & c'eſt choſe
qui n'eſt nullement deſagreable à Dieu,
quand on y eſt obligé par la neceſſité des
occurréces. Car la Religion ne poùuant
ſubſiſter ſinon par la ſubſiſtence des Empires Politiques, lors que les choſes en
ſont venuës à tel point, que pour empeſcher le progrés de quelque innouation,
on met toute la Republique en peril, il
eſt & de la pieté & de le ſageſſe de ceux
qui en ont le gouuernement en la main,
de pouruoir à ce que l'vne ne s'étouffe
pas en fin ſous les ruines de l'autre. Et ſi
on euſt perſeueré en cette bonne penſée,
on euſt épargné à l'Eſtat les épouuanta-
bles confuſions des guerres ciuiles, qui
l'ont mis à deux doigts de ſon tombeau.
Mais l'ambition de quelques vns, & l'ef-
froy & l'impatience des autres, & la ſuggeſtion des conſeils de Rome notámenr,
ayant incontinent troublé le repos de la
France par l'infraction de cét Edit, & par
les choſes qui vinrent apres, on ne ſçauroit dire quelles horreurs ont eſté exer-
cées de l'vn à l'autre parti par l'eſpace de
plus de trente ans. Et nous nous fuſſions

aſſeurémeni entr'exterminés, ſinon qu'en
fin Henry le Grand , de glorieuſe & immortelle memoire, ayant reconquis ſon
Royaume de la main de ſes ennemis, ter-
mina ces calamités par l'Edit de Nantes,
& reüniſſant tous ſes ſujets ſous ſon obeïſſance, ſans violenter la conſcience d'aucun, éteignit autant que la prudence le
permettoit, la ſemence de ces deſordres.
Ce qui luy reüſſit ſi bien, que neuf ou dix
ans de paix apres ces longues & conti-
nuelles deſolations, remirét le Royaume
en vn eſtat ſi puiſſant & ſi fleuriſſant, que
quand cet incomparable Prince nous fut
ſi mal-heureuſement raui , il eſtoit non
conſiderable ſeulement, mais redoutable
à toute l'Europe. Sous le regne du feu
Roy il eſt arriué quelques choſes , qui
ont deux ou trois fois interrompu le cours
de cette felicité. Mais neantmoins diuerſes conſiderations luy ont touſiours fait
ſolennellement declarer, qu'il ne vouloit
aucunement entamer la liberté que le
Roy ſon pere auoit donnée à ſes ſujets en
ce qui eſt de leur Religion , ni rien changer en l'établiſſement qu'il auoit fait par
ſon Edit. Car premierement le Roy ſon
Pere l'ayant fait *Perpetuel & irrevocable,*
& luy meſme à ſon aduenement, & de-

Cc 2

puis à diuerses fois, l'ayant confirmé
comme tel, ainsi qu'il estoit Prince genereux, il a creu que la souueraineté independante de sa couronne, & la puissance illimitée de sa Majesté, ne le dis-
pensoit pas de l'obligation de sa parole,
& de ses promesses, en l'obseruation desquelles Dieu mesme met vne notable
partie de sa gloire & de sa grandeur. Car
bien qu'il soit infiniment plus éleué au
dessus des Rois, qué les Rois ne le sont
au dessus de leurs sujets, & que quand il
manqueroit aux conuentions de ses alliances, ces creatures pourtant ne pourroient l'en tirer en iugement, si est-ce que
plus il est grand, plus estime t'il qu'il luy
conuient d'estre iuste, & par consequent
exact à l'execution de ce qu'il a promis,
quand vne fois il a engagé sa parole.
Apres cela Henry le Grand ayant estimé
qu'en l'obseruation de cette sienne ordonnance, *Consistoit le principal fonde-*
ment de l'vnion de ses suiets, de la tran-
quillité & du repos de son Estat, & de son
restablissement en sa premiere splendeur,
comme le Roy son fils estoit prudent, il
a bien apperceu qu'il en estoit verita-
ment ainsi; & que le danger estoit euident, si l'on renuersoit ce fondement de
reietter le Royaume dans les anciennes

diuifions, & de l'expofer en proye à l'ambition eftrangere. En fin il auoit recónu
que le zele de religion, qui auoit porté fes
predeceffeurs, ou à n'accorder rien, ou à
rompre les Edits qu'ils auoient accordés
aux Reformés, auoit apporté fans com-
paraifon plus de dommage à la pieté en
general , & mefmes à la Religion qu'ils
profeffoient, que d'affoibliffement & de
diminution à celle qu'ils vouloient éteindre. Car outre que chacun fçait que les
guerres ciuiles produifent la licence & le
débordement en la vie, & la profaneté &
l'irreuerence aux chofes diuiues, & qu'en
s'efforçât d'étouffer la religion d'autruy,
on s'accouftume à méprifer la fienne propre, la Romaine n'eftoit aucunemét pratiquée où les Reformés eftoient les plus
forts, & où ils ne l'eftoient pas, fi n'eftoit
elle exercée finon auec trouble & incom-
modité, par tout où ils pouuoient porter
le tumulte de leurs armes. Comme donc
ce Prince eftoit fingulieremét deuotieux
en fa creance, il a creu que pour le bien &
l'auantage de l'Eglife Romaine , il faloit
laiffer cette liberté à la Reformée en fon
Royaume. Et nous voyons que depuis la
Regence de la Reyne, le gouuernement
de l'Eftat roule toufiours deffus les mef-

mes maximes d'vn train égal , ce qui a
maintenu les sujets du Roy en vne parfaite vnion, conserué l'obeïssance qu'ils
doiuent à leur Souuerain , & donné le
moyen de continuer les grandes & glo-
rieuses conquestes que le feu Roy auoit
commencées. Quint à ce qui est des Magistrats inferieurs, il me semble qu'ils doiuent regler toute leur conduite en cét
égard, par ces deux ou trois pensées. L'v-
ne est qu'ils doiuét presumer que si Dieu
les auoit appellés prés de la personne des
Rois , pour auoir part en leurs Conseils,
ils auroient les mesmes considerations
que ceux qui ont les premiers conseillé
ces Edits,& qui maintenant encor les entretiennent. Ni les Potentats ni leurs
Ministres ne sont pas moins deuotieux
qu'eux, & leur zele ne seroit pas moins
vehement, si d'autres égards n'en tempe-
roient l'ardeur & la violence. Puis donc
qu'ils ont souffert que ces raisós d'Estat y
apportassét dela moderatió & quedepuis
que les choses ont esté ainsi establies par
l'autorité des loix publiques,ils ont estimé
que leur foy y estoit engagée, & qu'ils ne
la pouuoient violer sans flétrir leur propre gloire , & ternir en quelque façon le
lustre de leur grádeur,les autres doiuent
volótiers recueïllir les mesmes sentimens,

& ne prendre point à des honneur de se
conformer aux grands exemples. La seconde est que comme ils ont deux relations, l'vne de Catholiques Romains; ce
qui regarde le seruice qu'ils pensent deuoir à Dieu selon leur profession; L'autre
d'Officiers du Roy, ce qui côcerne le seruice qu'il faut qu'ils luy rendent en l'administration de leurs charges, côme ces
deux relations sont fort distinctes, aussi en
doiuent ils tres soigneusemét distinguer
les fonctions & les operations. Car quát
à la premiere, qu'ils aient à la bonne heure toute la feruear de zele qui se puisse
imaginer, & qu'ils écoutent les exhortations de ceux qui les y enflamment. Peut
estre que l'Esprit de Dieu les illuminera
quelque iour autrement, & quand ils seront autremé eclairés, ils porteront cette vehemence de leur pieté sur d'autres
meilleurs obiets que ceux qu'on leur presente ordinairement, & dont ils tireront
plus de consolation pour leurs consciences. Mais tant y a qu'entant qu'ils sont
Catholiques Romains, ils sont personnes
particulieres, & par consequent cette deuotion ne doit pas aller plus auant, sinon
d'ouïr quant à leurs personnes les Messes
bien diligemment, de vacquer aux Sermons assiduellement, d'assister aux Pro-

ceſſions auec ſoin, de Communier le plus
frequemment qu'ils pourrót, & de pouruoir à ce qu'en leurs maiſons la meſme
deuotion regne entre leurs domeſtiques.
Mais quant à la ſeconde, ils ne doiuent
dans les fonctions qui en dependent, re-
garder à autre choſe qu'à la volonté du
Souuerain, comme elle eſt declarée en ſes
Edits, afin de s'y conformer exactement
en toutes occurrences. Car quand il ne ſeroit point à preſuppoſer, que s'ils auoient
eſté appellés au Miniſtere de l'Eſtat, ils ſe
laiſſeroient có la re aux meſmes raiſons
qui ont induit ces grands Rois à les nous
donner, ce n'eſt pas à leurs Officiers à iuger des motifs qui les y ont portés, ni a
pretendre de corriger par les mouuemés
de leur pieté, les fautes que la prudence
Politique auroit fait commettre contre
la Rel gion Romaine. S'il y en a quelqu'vne en cette conduite, c'eſt aux Rois
à en reſpondre deuant Dieu. Quant aux
Magiſtrats inferieurs, lors qu'il faudra
comparoiſtre en Iugement deuant noſtre
Seigneur, pour rendre raiſon de leurs actions en cette qualité, on ne leur deman-
dera pas s'ils ont eſté grands zelateurs de
la Foy de Chriſt ; car cela regarde la relation qu'ils ont en qualité de perſonnes
particulieres : mais s'ils auront eſté fideles

dispensateurs de ce que le Prince leur a
commis, pour rendre la iustice à tous ses
sujets, selon les regles qu'il leur en auoit
données. En quoy s'ils ont plustost suiui
la suggestion de quelques vns, dont le
zele est inconsideré, seditieux & turbu-
lent, que la volonté du Souuerain, comme elle est expliquée en ses Loix, asseurément ils n'en réporteront point de contentement de deuant le grand & vniuer-
sel Iuge du Monde. La troisiéme finalement est, que les Officiers de Iudicature
ne sont point installés en leurs charges
qu'ils ne prestent serment solennel de iuger selon les Ordonnances des Rois, &
de suiure leurs volontés en l'administration de la Iustice en toutes choses. Or
chacun sçait qu'elle est l'obligation du
serment, & comment elle doit estre absolument inuiolable. Certes celuy qui sous
pretexte de pieté enuers Dieu en ce qui
regarde la Religion, viole le sermét qu'il
a fait au Roy en ce qui est de son seruice
& de la conduite de son Estat, cettuy-là
ne sert ni Dieu ni le Roy, & cómet vn crime digné de punition, tant de la part de
son souuerain en ce siécle ici, que de celle
du Souuerain des Souuerains en l'au tre.
En fin, pour ce qui est des Peuples, ils ont
aussi deux qualités; L'vne de Chrestiens,

&l'autre de sujets du Prince. Qn̄āt à l'vne,
ils sont obligés de viure conformément
aux Loix de Dieu, selon la connoissance
qu'ils en ont ; quant à l'autre, ils sont tenus de se comporter conformément aux
loix de l'Estat, comme elles y ont esté
publiées. Puis donc que les loix de Dieu
font qu'ils détrempent tout leur zele en
debonnaireté & en charité, & que les
loix du Prince font qu'ils repriment leurs
passions par la consideration de la paix
commune, & par le respect qu'ils doiuent à sa volonté, tant s'en faut que les
paroles iniurieuses, & les traittemens
violens, leur puissent estre permis, s'ils
veulent, auoir la loüange de bons suiets
& de bons François, que mesmes ils ne
sçauroient estre bons Chrestiens, s'ils ne
bannissent de leurs cœurs toute auersion
contre nous, & s'ils ne nous portent vne
affection veritablement cordiale. Nous
les en supplions donc tres affectueuse-
ment, & les en coniurons par la bonté
de Iesus Christ, par les entrailles de sa
charité, par la gloire de sa verité par le
precieux depost de sa paix, qu'il a laissé à
ses Disciples autresfois, & par l'incomparable douceur dont il leur a donné le
patron en sa conuersation en la terre.
Neantmoins si nous ne pouuons obte-

nir qu'ils se m ôtrent veritablemét Chrestiens enuers nous, par les effets de leur humanité, c'est à nous à nous efforcer de nous moustrer tels enuers eux par tous offices de charité, & par vne inuincible patience. Car nostre bon maistre nous a commandé que nous aimions nos ennemis, que nous benissions ceux qui nous maudissent, que nous fassions du bien à ceux qui nous haïssét, & que nous priions pour ceux qui nous persecutent & nous courent sus. C'est ainsi qn'il dit que nous ferons voir que nous sommes enfans de nostre Pere qui est aux cieux, & que nous representerons l'image de cette Diuine perfection de charité, dont il nous fournit l'exemple.

F I N.

T A B L E.

TABLE

Fin de la Table